台所にこの道具

宮本しばに

anonima st.

Prologue

はじめに

台所道具は、単に料理をするためのモノだと思っていませんか？

道具とじっくり付き合ってみると、そうではないことに気が付きます。

レシピのために使っていた道具を台所仕事の中心に置くと、道具があってこその料理を考えるようになります。そのうちに台所は遊び場のような愉しい場所になり、料理の幅も広がっていくのです。

台所と自然は深く繋がっています。

陶器、金属製品、木工製品など、台所で使う道具は土、鉱物、木などから生み出されます。火を使い、水を使い、

そして道具を使って、私たちは陸や海で採れた食材を調理します。自然の恩恵で成り立っているところが台所なのです。

その大地から生まれた道具たちの、なんと力強いことか。疲れていても、台所に立てば頼もしい道具たちが出迎えてくれます。おかげでこちらも自然と活気づき、台所仕事に勤しむことができるのです。

この本では、私が毎日使っている台所道具たちへの想いを綴り、それぞれの道具の使い方やレシピを掲載しています。道具のあれこれをまとめた一冊です。

台所道具を味方につけて、さぁ、今日も渾身のひと皿を！

目次 *Contents*

2 はじめに
6 **おいしい料理は道具から** Useful tools for tasty foods
8 土鍋 Clay pot
18 羽釜 Clay rice cooker
26 おひつ Cooked rice container
32 南部鉄フライパン Nambu ironware frying pan
40 焼き網 Grilling net
48 丸網 Round grilling net
52 すり鉢 Ceramic mortar bowl
60 鉄瓶 Ironware kettle
66 土瓶 Clay teapot
72 焙烙 Clay parching pan
80 甕壺 Crock and jar
86 塩壺 Salt jar
90 鬼おろし Bamboo grater
98 おろし皿 Grating plate
102 まな板 Cutting board
108 木べらとおたま、そして手 Wooden spatula, ladle and hand

◎本書で紹介している道具の内容や使い方については、studio 482+までお問い合わせください。（studio482.theshop.jp）

◎本書に掲載している内容、情報は2018年10月現在のものであり、変更の可能性があります。ご了承ください。

◎本書では、日本の台所道具に関心を持つ外国の方の手がかりとしていただけるよう、英語訳を掲載しています。掲載している英語訳は要約や一部抜粋した内容です。

- For any inquiries and questions concerning the tools introduced in this book, please contact studio 482+. (studio482.theshop.jp)
- The content of this book is as of October 2018 and is subject to change.
- Partial English translation of the text in this book has been included as a supplement to non-Japanese speakers interested in Japanese cooking tools.

113 **道具のためのおいしいレシピ** Recipes for tools

114 レシピについて
115 修道院スープ Monastery soup
116 韓国鍋 Korean pot
117 お米のグラタン Rice casserole
118 酸辣焼きそば Hot and sour fried noodles
119 塩むすび Shio-musubi
120 羽釜スープ Hagama soup
121 エスニック手巻き寿司 Ethnic hand-roll sushi
122 きのこの辛味炒め Spicy sautéed mushrooms
123 野菜とパンのオーブン焼き Oven-baked vegetables with bread
124 豆腐のお好み焼き風 Tofu okonomiyaki
125 焼き野菜の和マリネ Grilled and marinated vegetables
126 野菜とお揚げの小どんぶり Vegetable and abura-age bowl
127 豆腐の茶碗蒸し Tofu chawan-mushi (steamed custard)
128 和シーザーサラダ Caesar salad à la japonaise
129 大豆とアボカドのファラフェル Soy and avocado falafel
130 土瓶だしのすまし汁 Sumashi-jiru (clear soup) of dobin dashi
131 しょうゆ大豆 Shoyu-flavored soy
132 ほうじ茶 Hoji-cha (roasted green tea)
133 野菜のマサラ和え Masala-seasoned vegetables
134 こんにゃくとひじきの佃煮 Konnyaku and hijiki tsukudani (preserved food boiled in soy)
135 冷やしおろし蕎麦 Hiyashi-oroshi soba (cold buckwheat noodles with grated yam)
136 野菜ハンバーグ Vegetable burger
137 香りだれ Flavor sauce
138 なすのたたきディップのオープンサンド Eggplant dip open sandwich

139 おわりに

Useful tools for tasty foods

おいしい料理は道具から

道具と料理のおいしい関係を探るうちに
巡り合った日本の台所道具たち。
試行錯誤をくり返しながら
向き合ううちに、いまではすっかり
台所の〝良き相棒〟とも呼べる
大切な存在になりました。
そんな働きものの道具たちを紹介します。

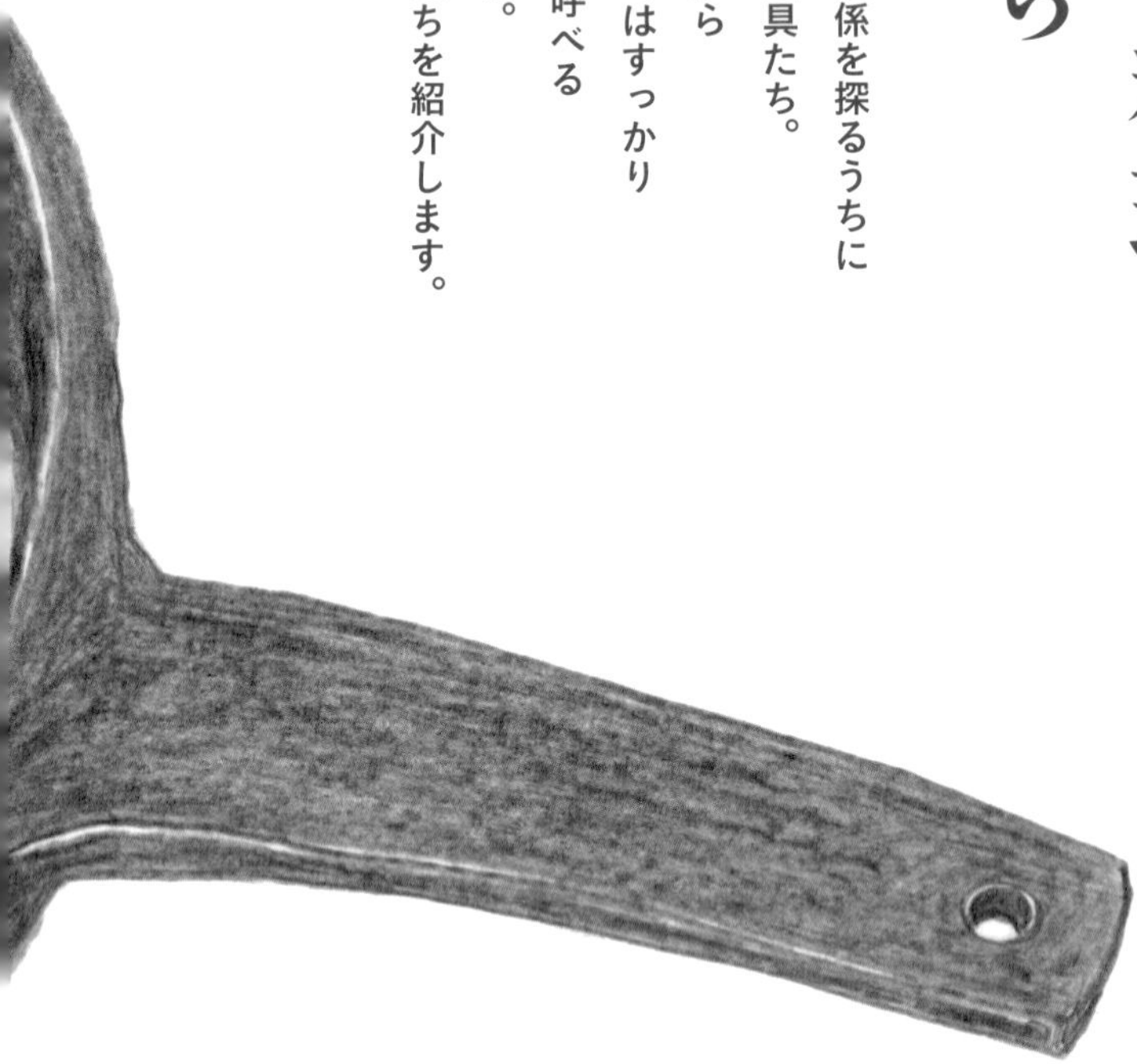

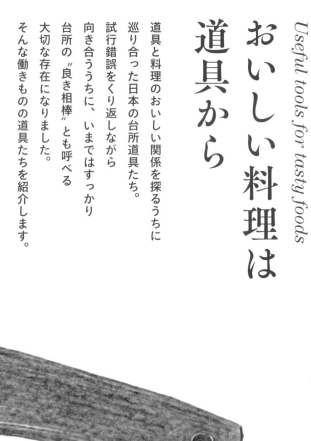

土鍋
DONABE
Clay pot

日々の料理に欠かせない

土楽の土鍋に出会ったのは2013年の春のこと。拙著『野菜のごちそう』（旭屋出版）の撮影で使う土鍋を探していたときでした。伊賀焼の窯元・土楽と親交がある友人から、七代目・福森雅武《ふくもりまさたけ》さんと四女・道歩《みちほ》さんの「二人展」を開催しているという話を聞き、京都に行ったのがきっかけです。「この土鍋を使ってみてください！」と人懐っこそうな道歩さんから譲り受けたのが、土楽の黒鍋でした。道歩さんに「花子さん」と命名していただき、心躍らせて花子さんを連れて帰りました。

撮影まで1カ月。本番までに私と花子さんの距離が少しでも縮まればと、和洋中、いろいろな料理を作りました。

まず鍋料理。次はカレー、中華料理、パスタソース、オーブン料理……。1カ月のあいだ、休む日がないほど花子さんは働きました。撮影は無事に終えることができ、花子さんと私はすっかり気心の知れた仲となりました。

台所に土鍋がなければ、まったくお話にならないのです。土鍋のない暮らしなど想像すらできない。まるで自分の手足をとられたような

修道院スープ　Monastery soup ⇒P.115
水と野菜だけでじっくり煮込むスープは幸福そのもの。

気がするほどです。私にとって土鍋は、台所の親分のような頼りになる存在です。

スープストックがなくても

土鍋料理の中でも、私のお気に入りはスープです。玉ねぎやじゃがいもなど、2、3種類の野菜を使うだけのシンプルなもの。具沢山のスープは魅力的ですが、家にある野菜だけで作れるほうが、どれだけ気持ちが楽になるでしょう。このスープのありがたいところはスープストックを使わずに作れるということ。水だけでおいしいスープが作れるのは、土鍋の力が大きいと思います。

スープを作るとき、いつも思い出すことがあります。それは、イタリアの修道院に行ったときのことです。中庭の廊下を歩いていると、わずかにドアが開いている部屋がありました。そっと中をのぞくと、修道僧たちが食事を終えて立ち去ったすぐあとで、食器がまだ片付けられていませんでした。長いテーブルが縦に2列。ミネストローネのセロリの香りが残っています。正面の壁には大きな「最後の晩餐」の絵画がかけてあり、それはもう夢の中にいるようでした。

韓国鍋　Korean pot →P.116
定番の鍋もいろんな味つけで愉しみたい。

お米のグラタン　Rice casserole → P.117
鍋ごとオーブンに入れられる片手土鍋でグラタンも簡単に。

I cannot imagine life without donabe. He's a big boss you can always rely on. My favorite among all of my donabe recipes is a simple soup using basic ingredients like onions and potatoes. Soups with many ingredients are appealing, but preparing a soup with only vegetables at home makes me feel much better. Another advantage of donabe is its ability to prepare soup without using stock. What a happy feeling it is to have a one-and-only utensil in the kitchen.

このときから私の中でスープの立ち位置が変わりました。スープは幸福そのもの。食卓の中心にあるものだと。

それまでスープを作るときは、まずスープストックをとるところから始まり、野菜を何種類も用意して「いざ！」と身構えて作っていました。市販のブイヨンはおいしいと思えなかったし、素材の味が消えてしまい、スープがみんな同じ味になってしまうのもいやでした。とはいえ、半日かけて作るスープもまた、忙しい主婦には至難のわざ。土鍋のおかげで、スープを作る面倒さはなくなり、楽な気持ちで作れるようになりました。土鍋で作るスープを「修道院スープ」と名付けて、鼻歌まじりに作ります。私はただ野菜を切って土鍋に入れて炒め、水を入れればいいのです。あとは土鍋が勝手においしくしてくれますから、惣菜を作るより簡単です。

これじゃないとダメなのだ。そう思える道具があるのは幸せです。ひとつでもそんな道具があれば、徐々に台所まわりが調っていきます。料理が変わり、台所仕事が愉しくなり、その「気」が家庭全体に広がっていく。円満は台所から、であります。

酸辣焼きそば

Hot and sour fried noodles ⟹P.118

あんを作った土鍋をそのまま食卓へ。

土楽の土鍋

煮る、炒める、焼く、蒸す、炊く、
そして、オーブン調理。
揚げる以外のあらゆる料理に
使える土鍋です。
急激な温度変化に弱いので注意。

生産地：三重県伊賀市
生産者：伊賀焼「土楽」
素　材：伊賀の土、織部釉
大きさ：8寸▼容量1ℓ
　　　　9寸▼容量1.3ℓ

鍋全体の厚さが均一で、ムラなく火が通るため、食材の旨味が十分引き出せる。

鍋底のカーブのおかげで、調味料と食材がしっかりつかり、おいしく調理できる。

貫入《かんにゅう》（釉薬と素地の収縮率の差によって入る細かいひび）により、土鍋は呼吸ができる。火を入れるたびに強度が増し、使いやすくなる。

小さめの片手土鍋は、少量の惣菜や煮物を作るときに便利。

Clay Pot *from Doraku*

Place of production: Iga City, Mie Prefecture
Producer: Doraku-gama
Materials: Iga clay, Oribe glaze
Dimensions: 24cm (1ℓ) / 27cm (1.3ℓ)

◎使い始め

1 熱湯を土鍋の七分目まで注ぐ。

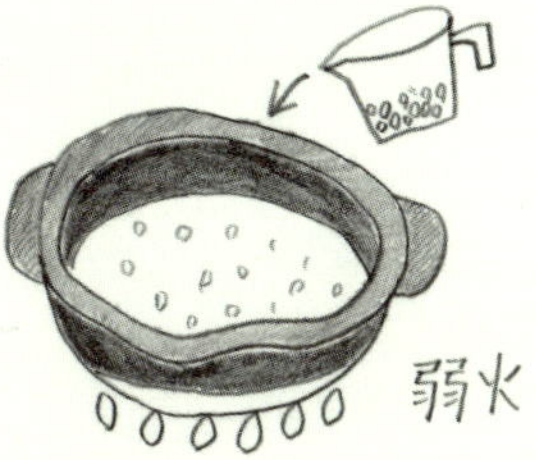

2 米1/4カップを入れて弱火にかけ、沸騰したら1～2時間ほど煮る。おかゆが糊状になったら火を止めてひと晩置く。

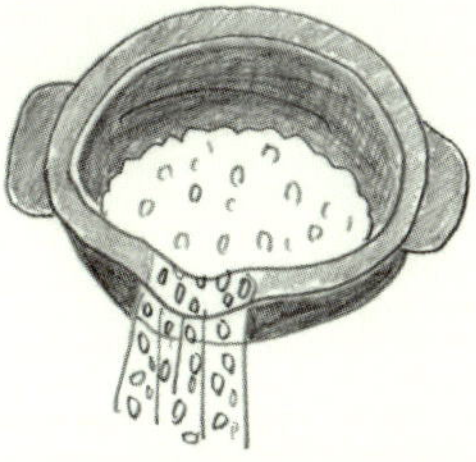

3 48時間後におかゆを捨て、土鍋を洗ってよく拭いてから乾かす。これで準備完了。

※使用中に万が一水が漏れ出したときも、この作業をもう一度行う。

◎土鍋の使い方

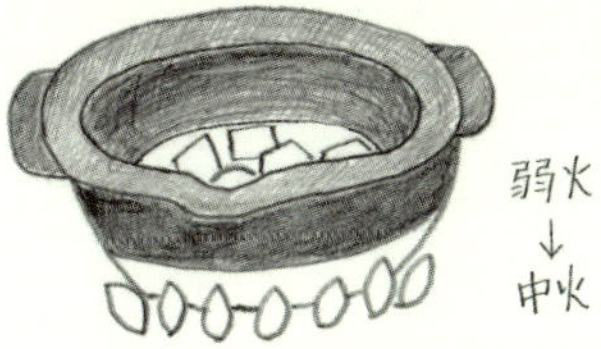

土鍋を火に慣らすために、最初の3～4分は弱火で。土鍋が温まってきたら中火にする。釉薬がかかっているところに火が当たらないように、強火にはしないこと。

鍋底が濡れたままの土鍋や、冷えた土鍋をいきなり火にかけると、ひび割れの原因に。冬場は暖房を入れた室内で温めてから使うと安心。

◎ふだんのお手入れ

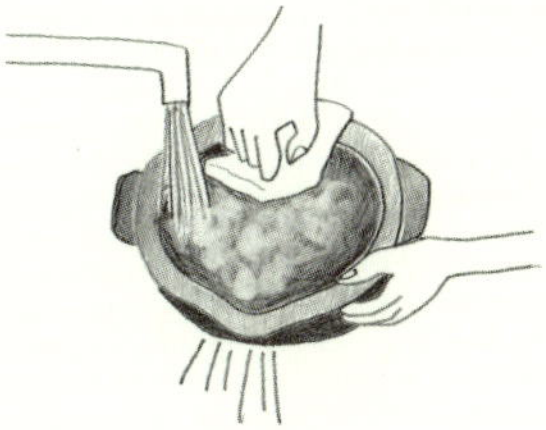

使用後はよく冷ましてから洗う。熱いまま水で流すとひびが入ることも。完全に乾かしてから、通気性のよい場所に収納を。

匂いがとれないときは、土鍋に重曹大さじ1程度を熱湯と共に入れ、約30分つけ置きしてから洗う。

Breaking-in

1 Fill 70% of pot with hot water.

2 Add 1/4 cup of rice and put on low heat. Cook for 1 to 2 hours after it starts to boil. When rice turns into porridge, turn off heat and leave overnight.

3 Dispose the porridge, wash the pot, wipe thoroughly and dry.

Using the pot

Always place the pot on low heat for the first 3-4 minutes to adapt it to heat. Switch to medium heat once the pot is heated. Avoid high heat.

Daily maintenance

Wait until the pot has cooled completely before washing. Dry thoroughly after washing and store in a place with good ventilation.

羽釜

HAGAMA

Clay rice cooker

訂正とお詫び

本書85ページ掲載の「木屋の甕」サイズ表記に誤りがありました。
以下のとおり訂正し、お詫び申し上げます。

（×誤）　　　　　　　　（○正）

大きさ：

3寸▶口径10.5cm　→　口径9cm

3寸半▶口径10cm　→　口径10.5cm

（×誤）

Dimensions：

Small 10.5cm dia., 10.5cm (H), capacity 450ml /

Large 12cm dia., 14cm (H), capacity 550ml

（○正）

Small 9cm dia., 10.5cm (H), capacity 250ml /

Medium 10.5cm dia., 12cm (H), capacity 450ml /

Large 12cm dia., 14cm (H), capacity 550ml

塩むすび Shio-musubi → P.119
お米をストレートに味わうには、シンプルな塩むすびが一番。

湯気もおいしさのひとつ

湯気。それは料理をさらにおいしくする奥の手です。鍋蓋を開けたときの、あの香しく立ちのぼる湯気の温かさは、それだけで安心感があります。この「安心」を育てていくのは台所を司る人のお役目でもありますから、湯気を出す意味は、思っている以上に大きいのではないでしょうか。

なかでも羽釜の湯気は抜きん出ています。沸騰すると木蓋から白い湯気がスッと立ちのぼります。炊き上がって蓋を開けると、のぞきこむ顔にふんわり湯気がかかり、香りと共にごはんがピチピチと音を立てます。「カニ穴」もできていて、今日も艶やかなごはんの炊き上がりです。

ごはんをおいしく炊くという仕事を怠れば、自分の軸がズレてしまうような気さえするのです。ですからごはんはいつも抜かりなく、丁寧に炊き上げます。

直火で炊きたいわけ

小学生のとき、母はごはんを炊くのに文化鍋を使っていました。アルミ製で、蓋が鍋の縁より沈んでいるのが特徴です。昭和30〜40年代で、まだ電気炊飯器が普及していない時代でしたから、当時は多くの家庭で文化鍋が使用されていました。

我が家の文化鍋は毎日使われ、ツヤがすっかりなくなって薄茶けた鼠《ねずみ》色になり、くたびれていましたけれど、5人家族のごはんをせっせと炊いてくれました。

中学生の頃だったか、ある日突然、ピンク色をしたピカピカの電気炊飯器がテーブルに置かれてありました。母は嬉しくてしょうがないといった顔で、ピッとボタンを押してごはんを炊き上げました。

仕事が一気に楽になって、母はとても喜んだと思います。ところがその電気釜で炊いたごはんの、何ともお粗末な味に、私はすっかり意気消沈してしまいました。捨てられてしまった文化鍋をどれだけ惜しんだかわかりません。

ごはんは何としても直火で炊きたいのです。スイッチひとつで炊ける炊飯器はありがたい。けれど、火はいわば人間の原点です。日本人が昔から信仰し、畏れを抱く存在として崇めてきた火。その敬うべき存在と共に台所仕事をしたいのです。

Steam is a secret ingredient that makes food taste better. The warmth of aromatic steam that rises after opening the lid brings sense of relief. It may have greater significance than you think because you—as guardian of the kitchen—are responsible for nurturing this "sense of relief." I prefer to cook rice over direct flame. Rice cooker is a convenient gadget that cooks rice with push of a button. However, let us not forget that fire has been revered in Japan since ancient times and always held its special place in the kitchen.

ごはん炊き、そしてスープにも

私が日々、ごはん炊きに使っているのは伊賀焼の窯元・土楽の羽釜です。この羽釜と出会うまで、おいしいごはんを求めて、ごはん釜を何度も買い替えました。どの釜もそれなりに炊いてくれました。しかし私の炊き方が悪いのか、水加減や時間などを変えて炊くのですが、いっこうにおいしい炊き上がりになりません。

そんなときに土楽の羽釜に出会ったのです。幸運な出会いでした。

羽釜の底が丸いのは対流を全体に回すため。これで均等に火が通ります。木蓋はどっしりと重く、沸騰しても蓋がずれることはありません。蒸らしているあいだ、木蓋が水分を吸収してくれるので、ごはんはいつも元気でハリがあります。

今はごはんを炊くだけではなく、スープにも利用しています。水を入れ、大きめに切った野菜と調味料を入れて煮るだけ。冬のおでんにも羽釜が欠かせません。

ごはんの本当のおいしさを、この羽釜が教えてくれました。日々の煮炊きの中心に羽釜があるのはありがたいことです。

羽釜スープ **Hagama soup** →P.120
ときにはごはん炊き以外の役割も果たしてくれる。

土楽の羽釜

丸い鍋底に厚い木蓋が特徴の、おいしいごはんを炊くためには欠かせない道具。扱い方は、基本的に土鍋と同じです。

生産地：三重県伊賀市
生産者：伊賀焼「土楽窯」
素　材：伊賀の土、織部釉
大きさ：6寸／2合炊き▼直径19cm×高さ18cm
7寸／3～4合炊き▼直径22・5cm×高さ21・5cm

どっしりと重たい木蓋が、炊き上がった米の余分な水分を調節。甘みと香りが増しておいしいごはんに。

ごはん炊きにはもちろん、スープなど煮込み料理の調理にも使える。

鍋底の丸い形状によって対流が促され、米が一粒一粒ムラなくふっくらと炊ける。

Clay Rice Cooker from Doraku

Place of production: Iga City, Mie Prefecture
Producer: Doraku-gama
Materials: Iga clay, Oribe glaze
Dimensions: 19cm dia. x 18cm(H) (cooks up to 360ml) / 22.5cm dia. x 21.5cm(H) (cooks up to 720ml)

◎おいしいごはんの炊き方

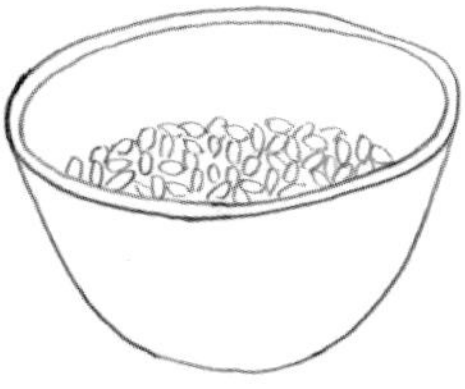

1 米を洗ってボウルで浸水させる。米:水=1:1の割合が目安。

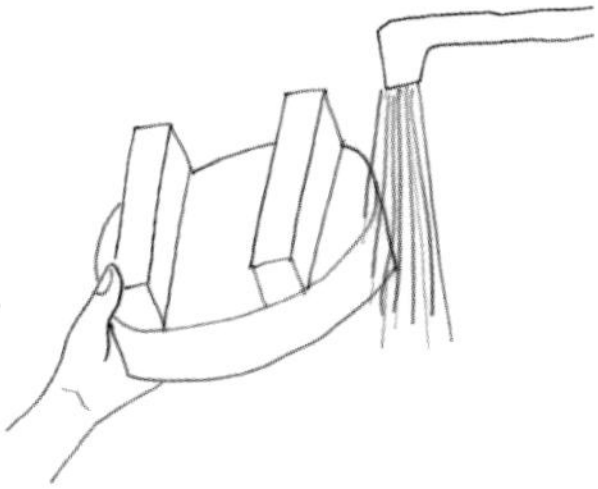

2 木蓋はさっと水で濡らしておくと反りを予防できる。

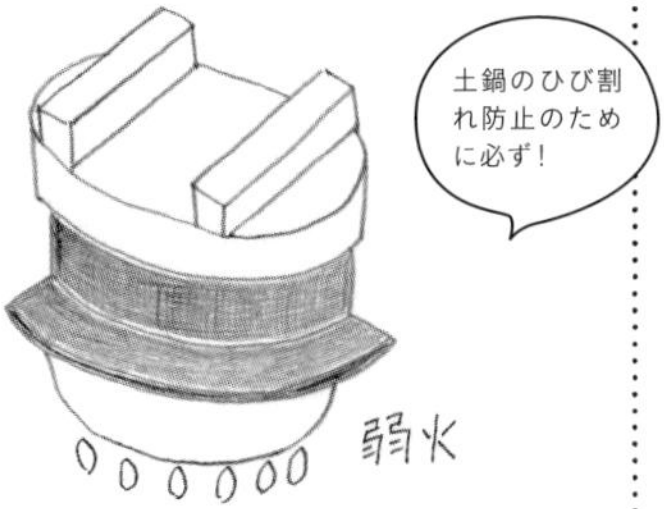

3 米と水を羽釜に移し、弱火で5分温める。

4 中火にして、羽釜の端から湯気が上がって沸騰しはじめたら、すぐに弱火にする。

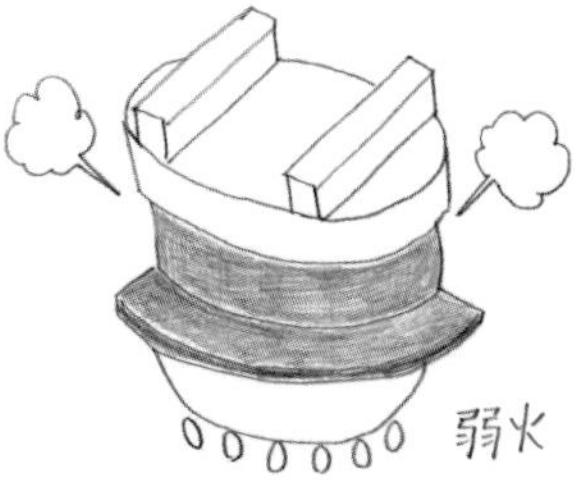

5 弱火で10分たったら火を止める。おこげを作りたいときは、1〜2分長めに炊く。

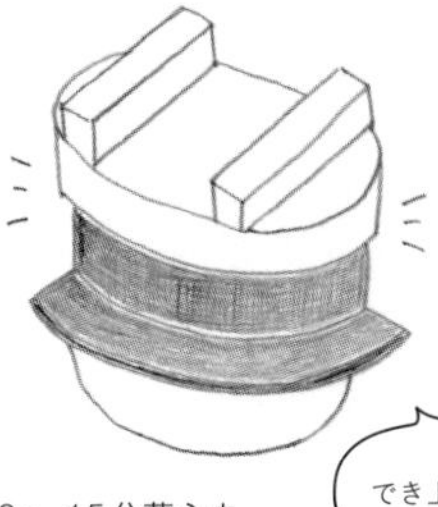

6 10〜15分蒸らす。

※使い始めは、土鍋と同様におかゆを炊きます。使い方、ふだんのお手入れも土鍋と同様に(P.17参照)。

Cooking delicious rice

1 Wash rice and soak in water using a bowl. Use roughly one part water to one part rice.

2 Wet the wood cover slightly to prevent warping.

3 Move rice and water to rice cooker and cook on low heat for 5 minutes.

4 Switch to medium heat and lower the heat immediately when steam comes out from the edge of rice cooker.

5 Turn off heat 10 minutes after cooking on low heat.

6 Let stand for 10-25 minutes.

When using hagama for the first time, cook porridge in the same manner as donabe to break in. Daily use and maintenance are also the same.

エスニック手巻き寿司　Ethnic hand-roll sushi →P.121
おひつがあれば、寿司飯もうちわであおがなくて大丈夫。

おひつ

OHITSU

Cooked rice container

おひつに注目するきっかけを作ってくれた「めんぱ」の弁当箱。

おひつは湿気管理のエキスパート

おいしいごはんを炊くために、人はさまざまな努力をします。米を選び、ときには天然水で炊き、釜選びにも余念がありません。けれども、炊いたごはんの湿気のことを考える人は、それほど多くはないでしょう。

炊いたごはんの湿気は、味や食感に影響を及ぼすものですが、その仕上げの仕事である「湿気管理」に従事するのが「おひつ」です。

おひつに思いを寄せるようになったのは、長野県木曽の「めんぱ」と呼ばれる丸い弁当箱を買ったのがきっかけでした。めんぱとは、木製の曲げ物の容器のことをいいますが、この弁当箱をおひつとして使ってみようと思ったのです。

拭き漆で塗られためんぱに入れたごはんを次の日に食べた、あの食感と味は忘れられません。冷えたごはんがかたくならずにふんわりとしています。温め直したごはんが、炊きたてよりもさらにおいしくなっていることに、驚きと木の不思議さを感じざるを得ませんでした。

自然素材というのは不思議なもので、自ら呼吸しながら調えていく、という能力があります。例えば、木の家は一年を通して湿度を調節してくれますし、天然素材の布は通気と保温、吸水と撥水を、呼吸して調える働きがあります。自然素材には、環境が過度の状態になると、自らで平均値に戻そうとする働きがあるように思えます。

木で造られるおひつの材料は、昔からさわらが適していると言われてきました。木の香りがやわらかく、アクが弱いため、おひつに入れたごはんに影響が出ません。木には殺菌効果があるため、常温で次の日まで保存可能です。それ以上保存する場合や夏の暑い日は、密閉して冷蔵庫に入れるようにしています。

おひつには主に3つの形があります。桶蓋をかぶせる「江戸おひつ」。平蓋タイプの「関西おひつ」。木材を曲げて造る「曲げわっぱ」。価格帯やデザインなどを考慮して、好みのものを選べばいいと思います。私はおむすびを曲げわっぱに、炊きたてのごはんは江戸おひつに入れています。

世話焼き上手な〝母ちゃん〟

愛用している江戸おひつは、徳島県にある「岡田製樽」製作のもの。

Natural materials demonstrate incredible traits such as breathing and conditioning. Made from cypress and cedar, ohitsu keeps rice for a full day without refrigeration thanks to its antiseptic properties. Ohitsu comes in three shapes: *Edo ohitsu* with pail-shaped lid, *Kansai ohitsu* with flat lid and *magewappa* made by bending wood strips. Ohitsu controls moisture to make rice tasty. It works like a mother, looking after each grain of rice. It does so first by removing moisture from freshly cooked rice and then supplying moisture when rice gets cold to prevent it from becoming hard.

創業70年で、樽造りひとすじの会社です。使われている木曽さわらは軽く、耐水性や抗菌作用に優れているので、昔からおひつやまな板に加工されてきました。

おひつを支えるタガは一般的には銅ですが、このおひつはステンレス。真横から見るとシルバー色の4本の線が入っていて、威風堂々とした姿をしています。ステンレスは変色せず、その佇まいを眺めるだけでも安らぎが得られるので、戸棚にしまわずに、台所の見えるところに置いています。

おひつの仕事は、ごはんをよりおいしくするために湿気を管理すること。呼吸しながらごはん一粒一粒の世話を焼く、いわば「母ちゃん」のような存在です。まず熱々のごはんの湿気をとることに専念し、ごはんが冷めると今度は、ごはんがかたくならないように水分を補うことに勤しみます。このおひつ母ちゃんのおかげで、ごはんはさらにおいしくなるのです。

「いただきます」の5分前にはごはんを炊き上げ、すぐにおひつに入れてごはんを落ち着かせます。

いつからごはん党になったのか。今はおいしいごはんが一番のごちそうです。

岡田製樽のおひつ

炊き上がったごはんのおいしさを、もう一段階ひっぱり上げてくれるのがおひつ。ひとつひとつ、職人の手で作られています。

生産地：徳島県名西郡
生産者：岡田製樽
素　材：本体▼木曽さわら　タガ▼ステンレス/銅
大きさ：2合用▼直径21cm×高さ11・5cm
3.5合用▼直径21cm×高さ14cm

さわらの香りはやわらかで、ごはんの香りを邪魔しない。

天然ものの木曽さわらの木目が美しい。さわらは吸水性、速乾性、抗菌作用に優れ、軽いのが特徴。

タガは昔ながらの銅製（おひつの形状は異なる）と、デザイン性を追求したステンレス製の2種類ある。

Cooked Rice Container from Okada Seitaru

Place of production: Myozai-gun, Tokushima Prefecture
Producer: Okada Seitaru
Materials: Body is made using sawara cypress from Kiso, hoop can be chosen from stainless steel or copper
Dimensions: 21cm dia. x 11.5cm(H) (for 360ml of rice) / 21cm dia. x 14cm(H) (for 630ml of rice)

◎使い始め

1 全体を水洗いする。

2 酢水（水1ℓに対して大さじ2～3杯の酢）を入れて2時間ほど置く。こうすると、木の油分であるヤニが出るのを防げる。

◎使わないとき

しばらく使わないときは、新聞紙などで包み、湿度の影響を受けにくい棚の上などに収納。

◎ふだんのお手入れ

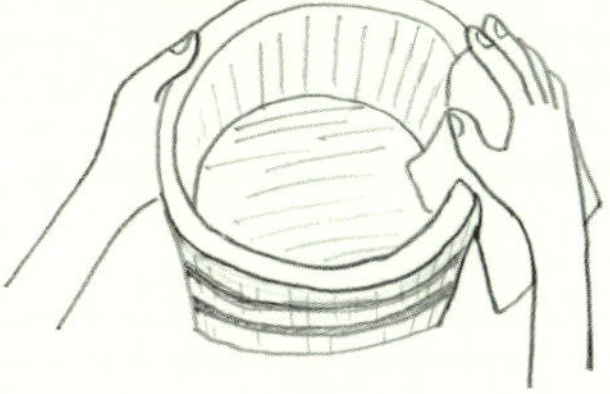

1 使用前に全体を水で濡らしてから、水分をふきんで拭きとると、米粒がつきにくくなる。

2 使い終わったら、水を張って20分ほど置いてから、洗剤をつけずに食器用スポンジで洗う。汚れが落ちにくい場合は、やわらかいたわしで木目に沿ってやさしくこする。

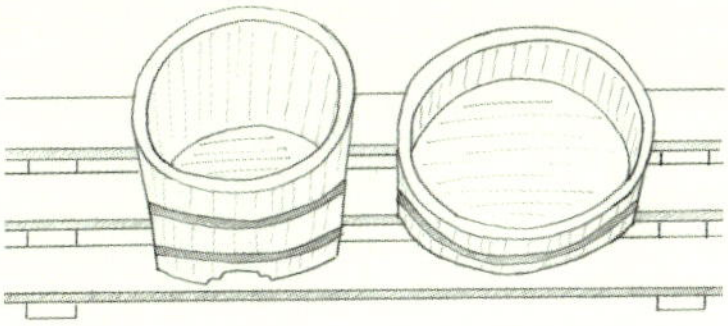

3 ふきんですみずみまで拭いたのち、風通しのよい日陰で上向きにしてしっかりと乾かす。

Breaking-in

1 Wash ohistu with water.

2 Put vinegar diluted with water (2-3 tbsp of vinegar for every liter of water) into ohitsu and let stand for 2 hours to prevent seepage of resin.

Daily maintenance

1 Wet ohitsu with water and wipe with a dish towel to prevent rice from sticking.

2 Fill ohitsu with water and wash with kitchen sponge without dish detergent.

3 Wipe with a dish towel and dry thoroughly.

Storing ohitsu

Wrap ohitsu in newspaper and store in a dry place.

きのこの辛味炒め　**Spicy sautéed mushrooms** →P.122
鉄フライパンでパリッと焼いたきのこを甘辛く中華風に。

南部鉄フライパン

NAMBU TETSU FRYING PAN

Nambu ironware frying pan

おいしい音を出すために

昔、私の母は多くの時間を台所で過ごし、さまざまな音を出していました。

一定のリズムでシュッシュと鰹節を削る。フライパンでハンバーグをジューッと焼く。そして今度は卵をシャカシャカと菜箸で溶き、厚焼き卵を作る。まな板の上でトントンと味噌汁用のねぎを切ったかと思うとコンロへ走り、ふいた文化鍋の火を細める。

学校から帰り、台所の音を聞くと、万事うまくいっている、と安心感を覚えたものです。

台所で音を出すということ。それは自分を含め、その音を聞くために必要なのだと思います。音を聞きながら自身の心が安まっていくと同時に、「今日もここに居ますよ」という周囲への呼びかけでもあるのだと。

おいしい音を出すために南部鉄フライパンはあります。このフライパンで何かを焼けば、台所は豪快な音と香ばしさで満たされます。家族全員の気分が高揚し、お腹が空いてきます。

極めつきは豆腐です。フライパンに放り込むと、バリバリッと軽快な音で豆腐がうなります。例えば、江戸料理に「雷豆腐」という料理

野菜とパンのオーブン焼き

Oven-baked vegetables with bread ⇒P.123

フライパンごと入れてカリッと焼き上げる、ホワイトソースいらずのオーブン焼き。

があります。豆腐を焼く音が雷に似ていることからこの名が付きましたが、昔も今も、鉄のフライパンで焼くこの音が変わらずにあり続けることに、心強さを感じるのです。

火、鉄、食材、3つの力が合わさってできる音は意気揚々としていて、食卓を囲む人たちにその熱量が伝わり、それが家の活気にもなります。

南部鉄のフライパンはどっしり重くて強堅。骨太でびくともしない鉄人です。重すぎていやがる人もいるけれど、私は逆に、この重さに安堵するのです。「任せよ、焼き抜くぞ」という鉄の意志を感じます。

じっくり焼くのが得意ワザ

鉄のフライパンの造り方は3通り。鉄板をプレス加工したもの。ハンマーでたたき伸ばす打ち出し。そして、鋳物。南部鉄フライパンはこの鋳物製品です。

鋳物は、厚く、重く、熱が冷めにくい構造。溶かした鉄を砂型に流し込んで造ります。砂の細かい凸凹がフライパンの表面に残るため、フライパンが焦げつきにくくなります。

Raison d'être for Nambu ironware frying pan (cast iron frying pan from Iwate Prefecture) lies in making "delicious" sound. When you prepare food on this pan, it fills the kitchen with dynamic sound and fragrance, working on the appetite of the entire family. Cast iron pan is suited for slow cooking than quick stir-frying. When using, put oil in cold pan and place it over high heat until smoke comes out to create a coating of oil on the pan surface that prevents food from sticking. Adding a crispy finish to whatever you put in it, Nambu ironware frying pan is a perfect tool for enhancing the flavor of your food ingredients.

鋳物である南部鉄のフライパンは、短時間でジャジャッと炒めるよりも、じっくり焼く料理を得意としています。

鋳物フライパンで作る料理は、例えばスパニッシュオムレツやお好み焼きなど、フライパンの形状を使って焼き上げる料理。表面をカリッと焦がしたい餃子やハンバーグ、オーブンを使う料理など、香ばしさを際立たせたい料理に向きます。野菜やきのこのグリルは、襟を立てたようにパリッと仕上がります。

道具全般に言えることですが、道具にはそれぞれの特性や役割があります。それを超える仕事を無理矢理やらせようとすると、本来の力が発揮できないばかりか、ひびが入ったり、さびたりと、道具の健康状態が悪くなります。

使う人がしっかりと道具の特性を理解し、丁寧に管理する必要があります。面倒がらないことが何より大切。道具にできることとできないこと、適正な火加減、正しい洗い方など、人間と同じで、まず相手の性格を知ることが、料理をおいしく作る早道です。

この頼もしい鉄人は、おいしい音と料理で喜ばせようと、いつもやる気満々です。

豆腐のお好み焼き風　Tofu okonomiyaki →P.124
フライパンの丸い形を利用すれば、こんな創作お好み焼きも。

釜定の南部鉄フライパン

どっしりとした鋳物の南部鉄フライパン。
食材をじっくり焼いて
〝カリッと〟〝フワッと〟の
2つのおいしさが同時に味わえます。

生産地：岩手県盛岡市
生産者：釜定
素　材：鉄
大きさ：直径21㎝×高さ4.5㎝、持ち手12㎝

熱伝導に優れた鋳物で、鍋全体にムラなく熱が伝わる。そのため、食材がおいしく焼ける。

持ち手が短く、すっきりと美しいフォルム。オーブンに入れられ、食卓にそのまま出せる。

調理中に溶け出す鉄分を、料理と共に自然に摂取できる。

質のよい鉄素材を使用。独自の熱処理技術が施されているため、さびにくい。

Nambu Ironware Frying Pan from Kamasada

Place of production: Morioka City, Iwate Prefecture
Producer: Kamasada
Materials: Iron
Dimensions: 21cm dia. x 4.5cm (H), handle 12cm

◎使い始め

強火

油を多めに入れて強火にかけ、煙が出てくるまで熱する。油を拭き取れば準備完了。

◎使い方

調理中は持ち手が熱くなっているので、必ず鍋つかみを使う。
強火

1 フライパンに油を入れて強火にかけ、油を全体に回す。

焦げつき防止に！

2 煙が出るまで熱したら、ひと呼吸置いてから食材を入れ、調理スタート。

◎ふだんのお手入れ

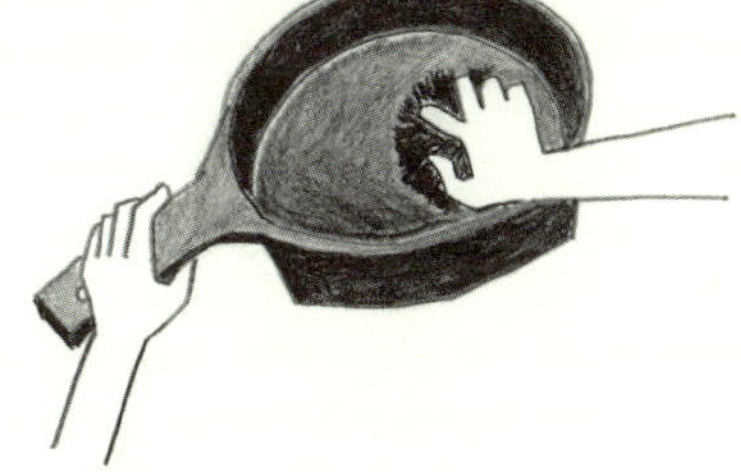

1 使用後はすぐにたわしで水洗いし（洗剤は使わない）、火にかけて水分を飛ばす。焦げつきがひどいときは、水か湯に5分ほどつけてから洗う。

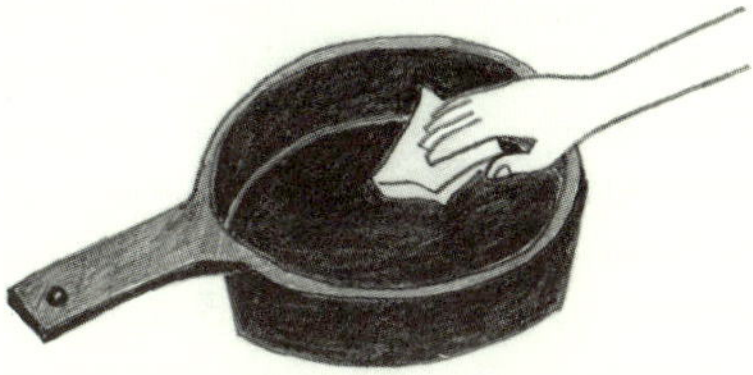

2 中火で温めて水滴を飛ばし、キッチンペーパーなどで薄く油を引いてからしまう。

X

注意 さびの原因になるので、使用後は食材を入れたままで放置しない。

Breaking-in

Put generous amount of cooking oil and put on high heat until the pan starts to smoke. Wipe off oil after the pan has cooled.

Instructions

1. Grease the pan with vegetable oil and put on high heat. Coat the bottom area with oil.
2. When the pan starts to smoke, add ingredients to start cooking after a pause.

Daily maintenance

1. Wash with water using scourer (without detergent) and place over heat to dry.
2. When the pan is dry, coat lightly with cooking oil using a paper towel.

焼き網

YAKI-AMI

Grilling net

ひとり遊びのような台所仕事

台所仕事とママゴト遊び。この2つは紙一重です。毎日、黙々と作業として行う台所仕事は、次第に面倒になり、義務的になってきます。帰宅して疲れたからだに鞭打って台所に立ち、家事の一貫として料理をする日々……。慌ただしい毎日では、普通の光景ですが、自分に問いかけてみます。そこに愉しさはあるのかと。

ちなみに、私の解釈では「愉しさ」と「楽しさ」は違います。「楽しさ」は他人から与えてもらうもので、受け身の楽しさです。それに対し「愉しさ」は自分で見いだすもの。自らが発見し、内側から湧き上がる悦《よろこ》びです。台所はこの「愉しみ」を見いだす場所でなければならぬと思うのです。

台所仕事を愉しくしていくか否か。それは台所に立つ人の心持ちいかんで変わってきます。ひとり遊びが上手になれば、台所仕事は大人の「遊び場」になり得るのです。

台所でひとり遊びをするための道具として私が使っているのが、焼き網です。

焼き野菜の和マリネ　**Grilled and marinated vegetables** ⇒P.125
焼き網で焼いた野菜を、しょうゆ味の香ばしいマリネに。

「焼く」という調理法は大昔からありますが、焼き網自体はそれほど古い道具ではありません。おそらく七輪が変化したものでしょう。焼き網はガス火が使えるので、ひとり遊びには絶好の道具です。魚用グリルやオーブントースターとは一線を画します。それどころか、比べものにならないほどの魅力があります。

我が家の焼き網は京都の金網細工「辻和金網」の職人が、手でひとつひとつ製作したものです。

そこに無骨さはなく、ステンレス製の格子目の金網が整然と並び、洗練された印象です。落ちる食材のカスを受け止める下網は目が細やかで、汁さえも受け止めてくれます。

使い込んだ金網はいぶされて変色しても頑丈さを失わず、その品位が落ちることはありません。

海苔を焼く愉しさ

それにしても焼き網で遊ぶと、どうしてこんなに愉しいのでしょう。せわしなく台所仕事をしていても、焼き網をコンロにのせれば、そこはもう別世界。お愉しみの時間です。あとは焼くのに没頭してしまう

I often amuse myself cooking with yaki-ami in the kitchen. It differs from an oven in that it can be used on stovetop. My yaki-ami is handmade by artisans in Kyoto. Its sophisticated design consists of orderly laid-out upper wire netting (for placing ingredients) and lower gauze for caching whatever drops from the upper tier including liquid. I love toasting dried nori (seaweed that has been dried but not toasted) with this yaki-ami. In the old days, nori was sold in dried form. Toasting nori on yaki-ami brings back the childhood memory of watching my mother repeating this process in the kitchen.

のです。

私が好きな焼き遊びは、乾《ほし》海苔を焼くこと。

乾海苔とは、焼く前の海苔のことを言います。今は見かけることがほとんどありませんが、昔は乾海苔が一般的でした。焼き海苔は贈答用がほとんどで、普段は食べられない高級品でした。

母がおむすびを作るときは、コンロの上で乾海苔を裏返しながらシャーシャーと焼いていました。焼き上がるとパリパリと音をさせながらおむすびを包みます。海苔を焼くのは、たいがい遠足や出かけるときでしたから、今でも乾海苔を焼くと、反射的に浮かれ調子になります。


四季折々、焼き網で何でも焼きます。アスパラガスやブロッコリーなどアブラナ科の野菜、枝豆やインゲンなど豆科の野菜、きのこ。厚揚げや油揚げは大根おろしとしょうが醤油で。

パンを焼くと外側はカリッと、中はふわっと仕上がります。

焼き網は台所で私をひそやかに愉しませ、客人が来れば食卓で華やかに喜ばせ、実に人を陽気にさせるのがうまい道具なのです。

野菜とお揚げの小どんぶり **Vegetable and abura-age bowl** ⇒P.126
焼き網と相性のいい長ねぎ、しいたけ、油揚げを、卵でとじてどんぶりに。

辻和金網の手付き焼き網

京都にある金網細工の老舗で造られる焼き網。
熟練の技が生み出す美しい網目は、焼く愉しみを倍増させてくれます。

生産地：京都府京都市
生産者：辻和金網
素　材：ステンレス
大きさ：22・5㎝×22・5㎝×高さ3㎝
持ち手含む全長33・5㎝

美しい網目は、熟練した職人の手で編み上げられる。

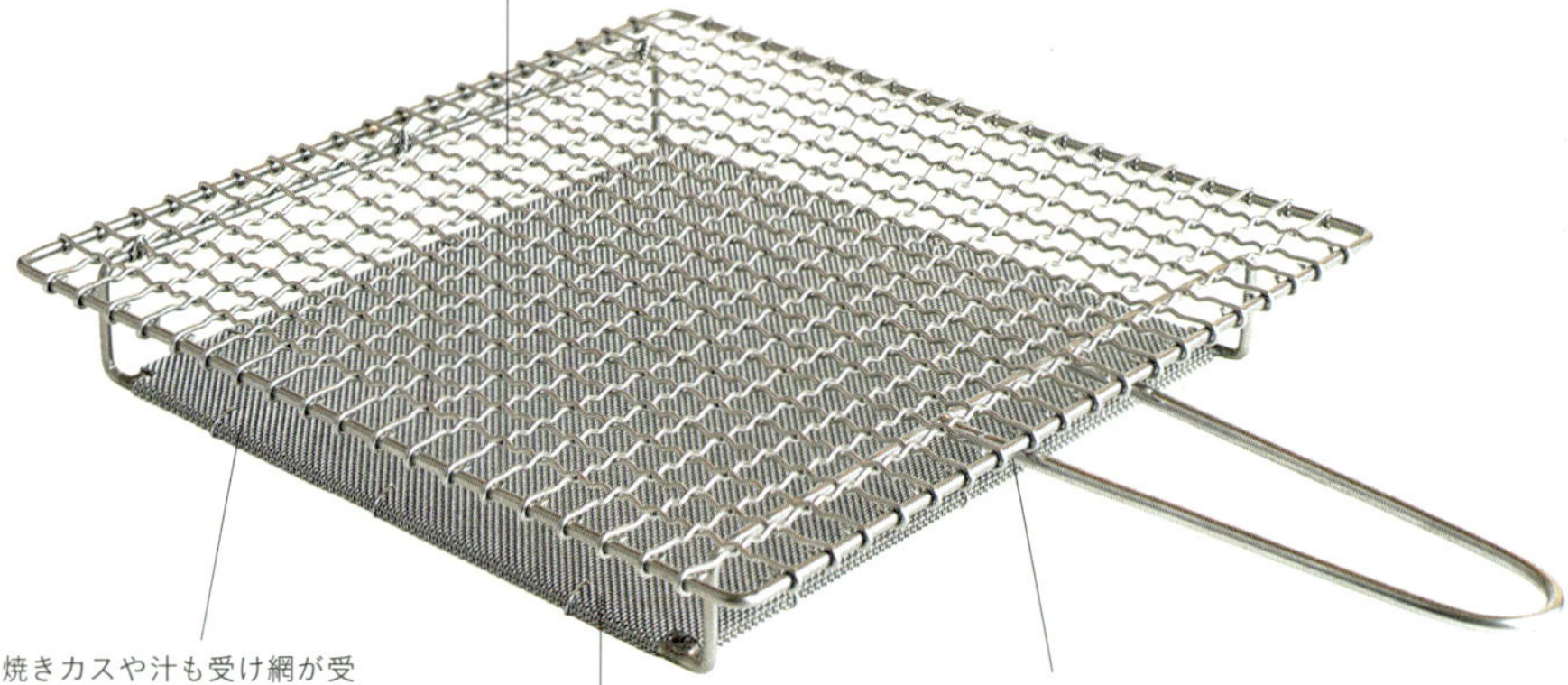

焼きカスや汁も受け網が受け止めてくれるので、コンロが汚れにくい。

洗いやすいように焼き網部分が上に開く構造。

受け網の細かい目が直火をやわらげ、熱をまんべんなく広げてくれる。

Grilling Net with Handle from Tsujiwa Kana-ami

Place of production: Kyoto City, Kyoto Prefecture
Producer: Tsujiwa Kana-ami
Materials: Stainless steel
Dimensions: 22.5cm x 22.5cm x 3cm / Overall length including handle 33.5cm

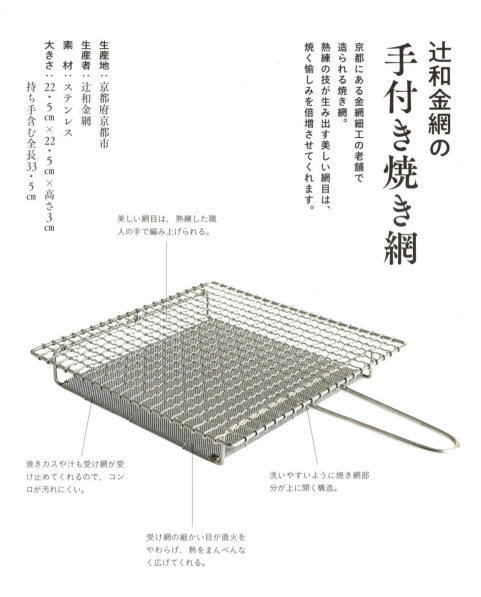

◎おいしく焼くコツ

1 基本は中火で。じっくり焼く場合は弱火にして、アルミホイルをかぶせても。

使用後の焼き網はとても熱いのでやけどに注意！

2 焦げ目をつけたいときは、最後に強火にする。

※過熱防止安全機能付きのガスコンロで、センサーにより自動消火する場合、焼き網は使用できない。一定温度に達するとセンサーが働き、火力が弱まる機種では、焼き時間はかかるが使用可能。

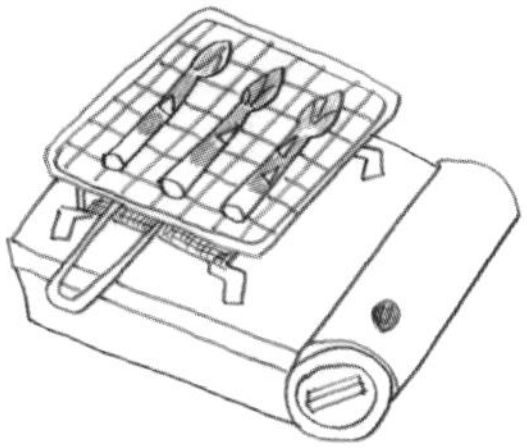

卓上のカセットコンロを利用して、みんなで焼きながら食べるのも楽しい。

◎食材別・焼き方のコツ

食材によって火加減を調節し、自分なりのおいしい焼き方を探って。

野菜

あらかじめボウルなどで油を全体にまぶしておくと、早くおいしく焼ける。根菜などのかための野菜は、下ゆでしておくのがおすすめ。

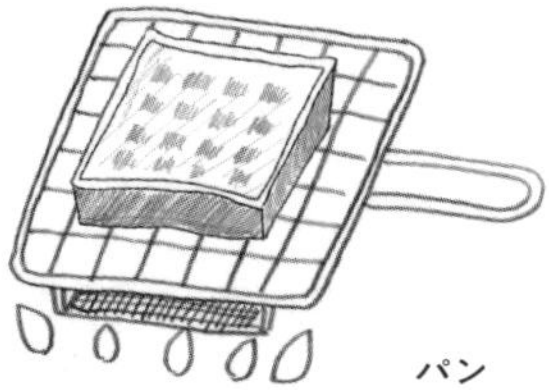

パン

中火で、軽く焦げ目がつくまで焼く。外はカリッと、中はふんわり焼き上がる。

もち

そのまま網にのせて中火で焼くと、炭火で焼いたような香ばしさ。アルミホイルをかぶせるとやわらかに。

Making most of the tool

1 Use on medium heat. For slower cooking, cover with tin foil and place under low heat.

2 Switch to high heat at the end to grill the surface until brown.
You may not be able to use kana-ami if you have gas stove with overheat protection system that turns off automatically.

Grilling tips

Vegetables: Cover ingredients with oil. Boil hard vegetables in advance.

Bread: Grill on medium heat until lightly brown on the surface.

Mochi: Enjoy the same aroma of charbroiling by grilling mochi with kana-ami on medium heat. Cover with tin foil for soft mochi.

豆腐の茶碗蒸し
Tofu chawan-mushi
(steamed custard)

→P.127

丸網を土鍋の底に使えば蒸し料理が楽。茶碗蒸しを深皿ひとつで。

丸網

MARU-AMI

Round grilling net

丸網でなすを焼くと、焦げた皮に包まれて燻製味が増す。

控えめで器用な助っ人

台所道具というのは、いわば熟練工のようなもの。それぞれが分相応の仕事を担っているプロ集団であると私は考えています。自分にとっての「よい道具」とは何であるかを見極めながら、台所で必要なものが何かを、まず知ることです。

無くては困る主役の道具。名脇役の道具。あれば大いに助かる道具。それは使う人により、また使う環境によって違いますから、人と比べる必要はありません。自分だけの頼もしい道具であればいいのです。使う頻度がたとえ低くても、愛おしいと思える道具であることが大切です。

我が家の丸網は「大いに助かる道具」として、台所の窓辺で丸い顔をしてぶら下がっています。

五徳にのらない小鍋や焙烙の支えとなり、遠火でコトコトと煮物を煮るときの底となり、蒸し料理の土台となります。また、丸網は焼き網のような受け皿がありません。直接火が当たるので、なすを焼くと短時間で仕上がり、燻製味が増して味わい深くなります。

Kitchen utensils can be likened to skilled hands because they are like a group of professionals in which each member takes on a fair share of tasks. We must first know what we need in the kitchen by determining which utensils are "good" for us. Maru-ami serves as a support for small pots and horoku (clay parching pan) that are too small to place on a trivet and also as the base for cooking food slowly over distant fire. You can also grill eggplant on maru-ami and add smoked flavor.

私が使っている丸網は「焼き網」と同じ、京都の「辻和金網」のものです。創業80年。今も変わらずその手技を守り続けています。職人が曲げたステンレス製の金網は力強く、丁寧に編み込まれ、職人の息づかいを感じられるようで、針金一本一本に惚れ惚れしてしまうのです。

ステンレス製の金網製品は、安価なものとは別物です。お手頃価格の金網は、鉄に亜鉛やクロムメッキが施されているため、すぐに剥がれてさびてしまいます。

それに対してステンレス製は、火を当てたところが黒くなるだけ。汚れてもゴシゴシとたわしで洗えます。料理をするときに使うものなので、塗装が剥がれたり、さびてしまったりするようではダメなのです。堅牢だからこそ、台所でしゃにむに使えるのです。

丸網は地味で目立たない道具ですが、小器用な働き手。大切な仕事仲間です。

辻和金網の丸網

煮物などを遠火でじっくり煮たいときにコンロの上に置いて使える丸網。それ以外にも、料理の助っ人としていろいろな場面で活躍します。

生産地：京都府京都市
生産者：辻和金網
素　材：ステンレス
大きさ：小▼直径16cm　大▼直径19cm

焼きなすなどの直火で焼く調理に便利。直接火が当たるので、燻製味が増して味わい深くなる。
※汁が出やすい肉や魚は避ける。

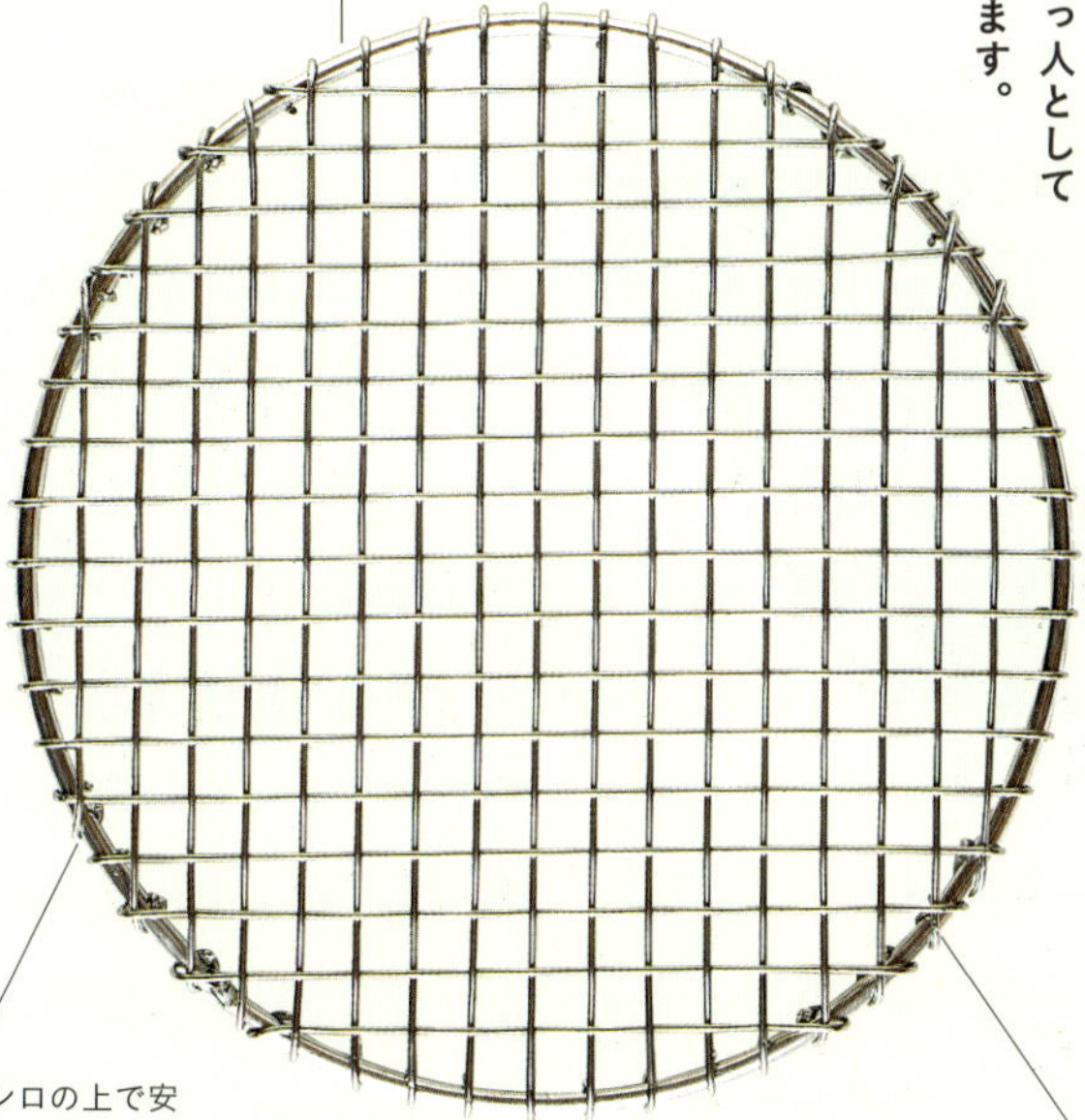

小さな鍋をコンロの上で安定させるためにも便利。小さめの琺瑯ボウルにも使えるので、ソースやバターを溶かすときにも。

蒸し料理に。鍋底に小皿を置き、水を張って丸網を乗せて使う。土鍋で蒸すときにも便利(P.48)。

Round Grilling Net from Tsujiwa Kana-ami

Place of production:
Kyoto City, Kyoto Prefecture
Producer: Tsujiwa Kana-ami
Materials: Stainless steel
Dimensions: Small 16cm dia. / Large 19cm dia.

For steaming. Put water in a pot, place a small plate inside the pot and put maru-ami on the plate.
For boiling. Place on a trivet to simmer at a distance from the heat.
Convenient for grilling egg-plant on open flame.
Also good for stabilizing small pot on a trivet.

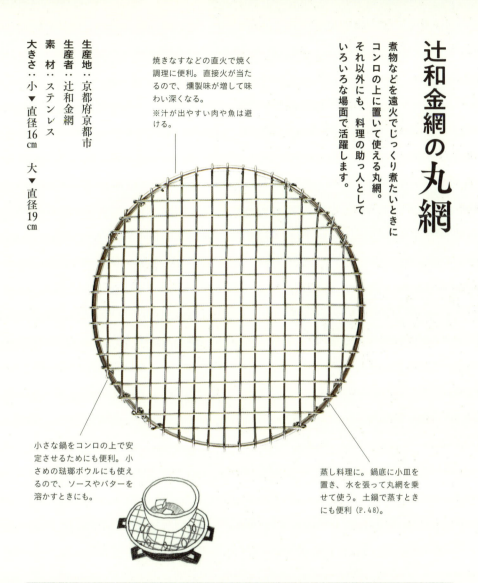

すり鉢

SURIBACHI

Ceramic mortar bowl

昔ながらの手動ブレンダー

平たく言えば、すり鉢は乳鉢に「すり目」と呼ばれる突起を施したものです。ほかの国にはすり鉢は存在せず、英語ですり鉢はmortar（＝乳鉢）と訳されます。

すり鉢は日本特有の道具なのです。

太古の昔、日本でも「する」道具には乳鉢が使われていました。石と石をすり合わせた乳鉢の原型が、縄文土器から発見されています。すり鉢に進化したのは鎌倉時代で、庶民のあいだで一気に広まりました。ときを同じくして味噌も流通し始めました。当時の味噌は粒味噌。水に溶けなかったので、すり鉢の登場で味噌をすりつぶすことができるようになり、それが味噌汁へと発展していきました。味噌とすり鉢は切っても切れない関係なのです。

すり鉢という画期的な「手動ブレンダー」の出現に、人々はさぞかし目を見張り、喜んだことでしょう。この道具のおかげで新しい料理が次々に生み出され、おいしさの概念が変わったことと思います。

かくいう私も、すり鉢に魅せられ、すり鉢だけの料理本を一冊作ってしまったほどです。

和シーザーサラダ　Caesar salad à la japonaise ⇒P.128
ドレッシングを作ったすり鉢で野菜を和えて、そのまま食卓へ。

心を鎮め、リズムを変えるすり鉢

「且緩々《しゃかんかん》」

ゆっくりと、焦らずに、心を落ち着けなさい、という禅語です。

忙しがって毎日を過ごす中で、どれだけの人が台所で且緩々とできるのでしょうか。料理は正直です。ありのままの自分が、良くも悪くもそこに現れます。

ですから私は、ワサワサと落ち着かないときに、すり鉢を使って心を鎮めます。食材の音と香りを愉しみながら、一定のリズムですりこぎを回すと心が落ち着いてきて、時間の流れが変わります。心の余裕がないときこそ、こういう時間の変換が必要です。


料理研究家の辰巳芳子さんが、あるインタビューの中で「ミキサーは粉砕。すり鉢でするのは融合です」とおっしゃいました。

ミキサーやブレンダーを回すと、けたたましい音と共にあっという間に食材が粉砕されます。こちらが呼吸する間もなく、する人のリズムとは無関係に食材が細かくなっていきます。金属が食材を砕いていく音に、痛みさえ感じてしまうようです。

"Shakankan," a Zen terminology that teaches a disciple to "calm down by doing things slowly without becoming impatient." Not many can practice Shakankan in the kitchen with our busy schedule. For better or worse, your unvarnished nature manifests in the food you cook. That is why I calm myself with suribachi when I am restless. Turning surikogi (wooden pestle) in constant rhythm gives you peace of mind. The flow of time changes and you start to enjoy the sound and aroma coming from the ingredients. Such shift in sense of time is needed in times of discomposure.

一方、すり鉢を使うときは、呼吸に合わせてすりこぎを回します。食材や調味料が融合されていくときの、何と落ち着くことか。自分のペースを守りながら、そして食材の香りや音を味わいながら、穏やかに仕事が進みます。

食材をする、つぶす、おろす、といった料理法は少し独創的かもしれません。すり目でごまとにんにくをおろしてナムルを作る。バジルや大葉のような香味野菜でパスタソースを作る。ドレッシングやマヨネーズを作って野菜を和える。

私はホールスパイスをすり鉢ですり、自分だけのガラムマサラを作って愉しみます。

そして、できるだけ手を使います。すり鉢の中で食材が混じり合うときの感触も心地よく、料理がおいしくなるような気がしますから。

すり鉢は、料理する人に想像力を与え、理科の実験のような、ちょっとワクワクした感覚にしてくれる愉しい道具であり、台所を独創的に支えてくれます。機械に頼らずに料理することは、次世代の新しい暮らし方につながっていくのではないでしょうか。

大豆とアボカドのファラフェル　Soy and avocado falafel ⇨P.129
すり鉢でタネを作り、中近東の豆コロッケ・ファラフェルに。

山只華陶苑のすり鉢

日本の伝統的な調理道具であるすり鉢。
たくさんの種類があるなかでも、
抜群にすりやすく、
デザインも美しいすり鉢です。

生産地：岐阜県多治見市
生産者：山只華陶苑
素　材：多治見市高田区の青土、鉄釉・藁灰釉など
大きさ：5~8寸▼直径約15~24㎝ほか

曲線が美しい「波紋櫛目」によって、スピーディーに食材の香りを立たせることができる。

ろくろを回し、手で成型しているため、色や大きさはひとつずつ違う。

する、つぶす、たたく、おろす、和える、そして器にも。一台で何役もこなす。

本山椒で作られた関根理夫《みちお》さんのすりこぎ。

Ceramic Mortar Bowl *from Yamatada Kato-en*

Place of production: Tajimi City, Gifu Prefecture
Producer: Yamatada Kato-en
Materials: Clay and glaze containing rice straw
Dimensions: 15-24cm dia.

◎基本のすり方

1 がたつきのない安定した台の上で作業を行う。すり鉢の下に濡れぶきんを敷くとすべりにくい。

2 片手ですりこぎの上を軽く押さえ、もう片方の手ですりこぎの下のほうを持ってぐるぐると回す。こうすると軸が安定して、すりやすい。

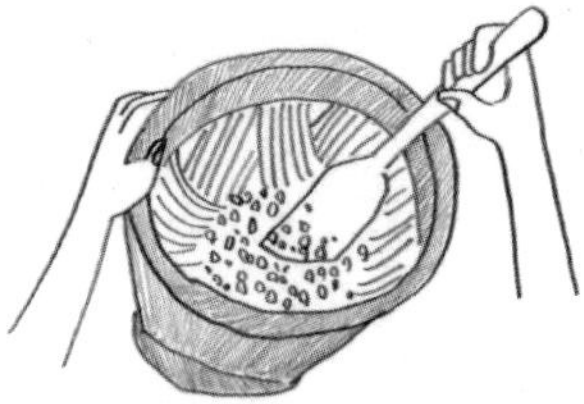

3 すった食材は、ゴムべらで寄せてとり出す。すり目が詰まってとりにくいときは、専用のブラシか、つまようじ8～10本を輪ゴムで束ねたもので掻き出す。

◎お手入れのコツ

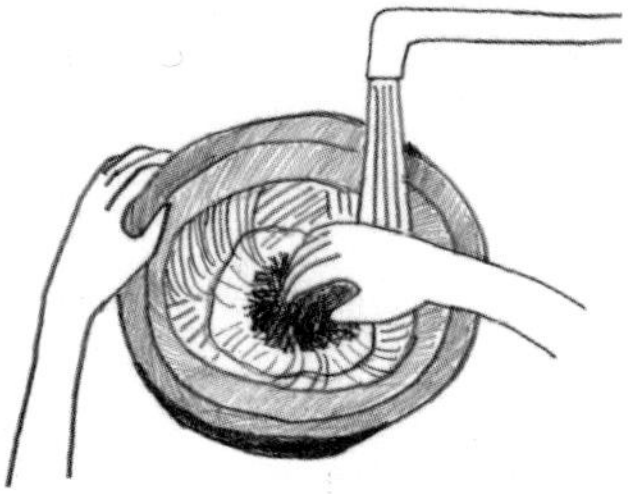

洗剤を使って洗う。すり目の奥までしっかり洗うには、たわしを使う。昔ながらの棕櫚《しゅろ》たわしがおすすめ。

匂いが気になるときは、すり鉢に重曹大さじ1～2を熱湯と共に入れ、約30分つけ置いてから洗う。

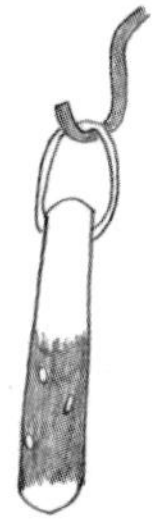

すりこぎはよく水洗いしてから、風通しのよい場所に吊るして保管する。

Basic instructions

1 Use suribachi on a stable table. Place wet dish towel under suribachi for additional stability.

2 Gently hold the upper end of surikogi with one hand, hold the lower part of surikogi with the other hand and rotate.

3 Take out ground ingredients with rubber spatula. Ingredients that are caught in ridges can be scraped out with a special brush or 8-10 toothpicks bundled with rubber band.

Maintenance tips

Use scourer and dish soap to clean after use. To remove odor, pour 1 tbsp of baking soda, rinse with hot water and let stand for 30 minutes before washing.

鉄瓶

TETSUBIN

Ironware kettle

沸かした湯は完成された料理のよう

鉄瓶は、しまい込んではいけません。春夏秋冬、湯を沸かすことが大切です。どんどん使い、湯垢を付ける。そして使用後はしっかりと乾かす。これが鉄瓶を育てるための鉄則です。

鉄瓶は私たちの寿命よりずっと長生きですから、私がいなくなったあとは誰に託そうかと真剣に考えるほど、世話を焼きたい道具なのです。日々、愛情をかけ続けなければ鉄瓶は育ってくれませんから、鉄瓶につれなくしてはいけません。

冬になれば薪ストーブの上で、そして暖かい季節には、直火をきらう鉄瓶のために、台所の電熱コンロに置いて湯を沸かします。直火で火を入れるときは弱火で。そうでなければ鉄瓶の底が傷んでしまいますから。

鉄瓶で沸かした湯は、すでに完成された料理のようです。

私は、鉄瓶で沸かした「白湯」を、できるだけ一日のはじめに飲むようにしています。このやわらかい湯を飲むと、とても気分がいいのです。

もちろんお茶の時間にも。ほうじ茶、緑茶、烏龍茶、紅茶……。ついい面倒だからと、電気ポットで沸かした湯を使いたくなりますが、お茶の湯に心をくばることは、人と接するのと同じで、丁寧さを心がけたいものです。

「平常心であれ」と黙って教えてくれる

「不動心」

鉄瓶を見るたび、この言葉が脳裏をよぎります。

どっしりしていて、揺るぎのない強さと圧倒的な存在感。黒色の毅然とした姿は、まるで仏像のようです。

不動心とは、例え何かに心を乱されても、すぐに立ち直る心の弾力性のことであると、私は解釈しています。何があっても心が乱れないというのは理想で、人間は死ぬ瞬間まで、大小さまざまなことで心を乱すものです。

以前、私はある病気を患いました。崖っぷちに立たされ、死も覚悟しました。考えに考え、疲れ果てた末にこう思ったのです。自分の鎧《よろい》となっている仕事や考え方をゼロに戻し、残された時間をもう一度や

Tetsubin should never be stowed away. It is important to use it year-round to boil water. Use it as often as you can and dry it properly after using. This is the iron law for using tetsubin. "Imperturbability" is the concept that comes to my mind every time I see a tetsubin. With its stout and unwavering sturdiness and overwhelming presence, the black and resolute figure reminds me of a Buddhist statue. Tetsubin teaches me to be as I am, unaffected by the vicissitudes of life. Tetsubin is more than a utensil for boiling water; it is like a master who quietly teaches me to "be calm and mindful" at all times.

り直そうと。

絶望の中で私を救ったのは不動心でした。明日どうなっているかわからない。けれど、この生を全うしよう。無理せず、我慢せず、あるがままの自分でいようと思いました。

しかし、不動でいることは難しいのです。毎朝起きると病気のことを思い出し、自分を憂いました。毎日、くり返し襲ってくる不安を拭うことに努めました。今考えると、その一心さが不動心であったと思います。

鉄瓶はいつも、私にこのことを思い出させ、そして教えてくれます。何事にも翻弄されずに、あるがままでいなさいと。

私にとって鉄瓶は、湯を沸かす仕事を担う道具である以上に、師のような存在です。

水が沸騰すると、鉄瓶は注ぎ口から一筋の湯気を出しながら、「一心に、一念に」と語りかけてきます。その耳元でささやく静かで清らかな声は、乱れた気持ちを拭ってくれるのです。

釜定の鉄瓶

まろやかでおいしい湯を沸かすための南部鉄器の鉄瓶。
上手に使えば次世代まで使えるので、じっくり育てたい道具です。

生産地：岩手県盛岡市
生産者：釜定
素　材：鉄
大きさ：直径16cm×高さ22cm、容量1.4ℓ

昔ながらの技法で、製造工程を分業せず、全てがひとりの職人の手によって行われる。

使ううちに、鉄瓶の内側には水道水に含まれるカルシウムやマグネシウムが付着。塩素を除去するので、沸かした湯がまろやかでおいしくなる。

沸騰するまでの時間は少しかかるが、一度沸騰してしまえば冷めにくい。冬はストーブの上に置いて、一日中水をたしながら使うのもおすすめ。

内側に琺瑯加工が施されている鉄瓶も多いが、これは外側も内側も鉄製。沸かした湯を飲むことで、自然に鉄分を摂取できる。

Nambu Ironware Kettle from Kamasada

Place of production: Morioka City, Iwate Prefecture
Producer: Kamasada
Materials: Iron
Dimensions: 16cm (W). x 22cm (H)., capacity 1.4ℓ

◎使い始め

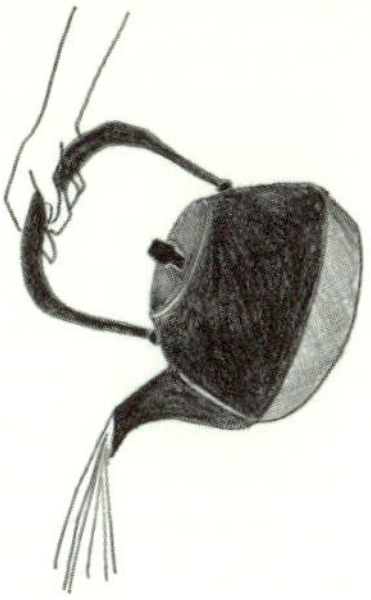

1 はじめて使うときは、水を入れ、沸騰させてから捨てるのを、2～3回くり返す。

2 最初の1～2カ月は毎日使って“鉄瓶慣らし”をする。水道水に含まれるミネラル分が鉄瓶内部に付着し、しだいに白い膜となる。この膜がさびを防ぎ、湯をまろやかにする。

注意 鉄瓶は湯を沸かすためのもので、基本的に内部は洗えない。そのため、お茶やハーブティーを入れるときは、鉄瓶で沸かした湯を別の急須などに入れて使う。

◎湯の沸かし方

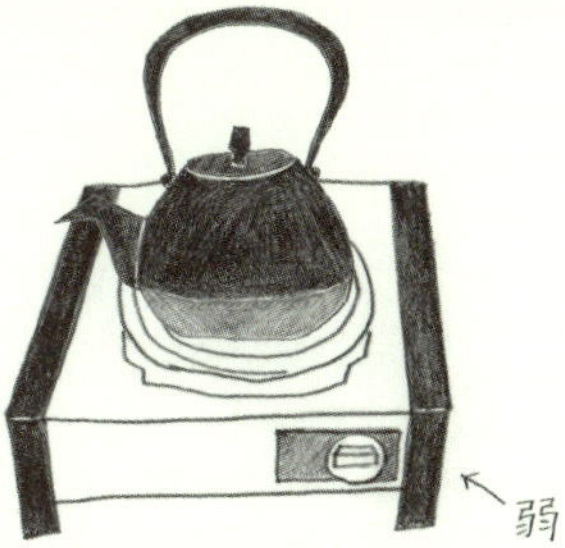

火にかけるときは必ず弱火で。電熱線やIHも使えるが、「弱」の設定で使用を。沸騰させてから10分ほどで塩素が除去される。

◎ふだんのお手入れ

使用後は、残った湯を捨ててから、蓋を外して30秒ほど弱火にかけて乾燥させる。

※しばらく使わないときは、完全に乾かして新聞紙で包み、湿気のないところに保管する。

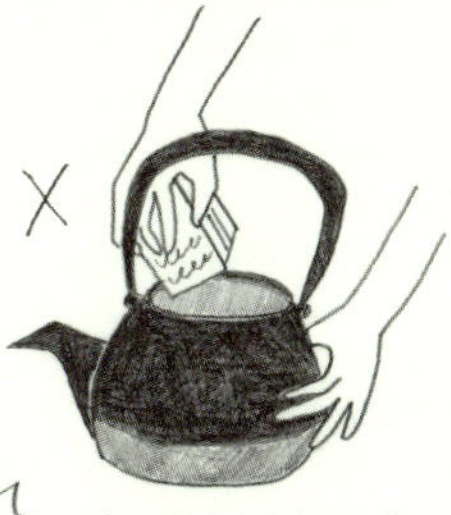

注意 スポンジやたわしなどで洗わない。鉄瓶の内側には触れないことが大切。

Breaking-in

1 Before first use, pour water, boil and discard. Repeat this process 2 to 3 times.

2 Use the kettle every day for the first 1 to 2 months to break in.

Boiling water

Always use low heat. The kettle can also be used on electric stoves and induction heaters but the setting has to be on “low” at all times. Chlorine in tap water is removed 10 minutes into boiling.

Daily maintenance

Discard leftover water after use and put the kettle over low heat for about 30 seconds to dry. Iron kettle is intended for boiling water and its inside cannot be cleaned as a rule.

土瓶

DOBIN

Clay teapot

道具に対する愛情表現

ある日、夫が土瓶の蓋をあやまって割ってしまいました。それまで茶碗が欠けても、皿を割っても動じなかった私が、呆れてしまうほど大泣きしました。その泣きっぷりに自分でもびっくりしたほどです。単に愛着のあるモノが割れてしまったショックもありましたが、それ以上に土瓶の痛みをじかに感じてしまったような、土瓶への愛おしさがありました。

人から人への愛情というのは比較的わかりやすいと思います。けれど、その対象が道具となると、少し理解しづらいかもしれません。道具への愛情というのは、もの言わぬ相手にひたすら精進し続けていくことで生まれるのではないでしょうか。

道具はしゃべりませんから、こちらが常日頃から道具を気遣い、正しく付き合おうと努力していく。道具がいやがることはやってはいけませんし、どんどん使って道具の気持ちを知ることも必要です。

そうすることで道具がその人に馴染み、使いやすくなっていき、道具と使う人が相思相愛の関係になっていきます。そのときはじめて、道具に対しての愛着ではなく、愛情というものが自然に湧いてくるの

土瓶だしのすまし汁　**Sumashi-jiru (clear soup) of dobin dashi** ⇒P.130
滋味深い味わいの土瓶で作るだし汁。椀に注いですまし汁に。

だと思います。

さて、割れてしまった土瓶の蓋ですが、友人に頼んで金継ぎしてもらい、半年間の入院を経て、我が家へ戻ってきました。箔が付いた土瓶に再会したときは感無量で、金継ぎの模様さえ立派に見えて、誇らしい気持ちになりました。

土瓶の仕事は煮出すこと

土瓶は、湯を沸かすことはもちろん、茶葉や食材を煮出すことを得意としています。昔から、漢方薬を煎じるために土瓶が使われました。土鍋と同じ「土物」ですから、形は違えど、性質は土鍋と同じです。そこが鉄瓶と違うところでもあるのです。鉄瓶は内側を洗うことができませんから湯を沸かすのみですが、土瓶はじかに食材を加えることができます。茶葉を入れて蒸らしたり煮出したり、土瓶蒸しなど香りを出したりすることを得意芸としています。

土瓶で沸かした湯は、まろやかになります。これはほかの土物でも言えることで、「土」という素材が持つ遠赤外線効果によるものです。

It seems to me that, one's affection for utensils, unlike that for another human being, is expressed by devoting yourself single-mindedly to a quiet utensil. Since utensils are still, we must exercise care on a daily basis and make effort to maintain a good relationship with that utensil. We need to abstain from doing things that utensils do not appreciate while using them regularly to understand their feelings. Doing so familiarizes you with that utensil and makes it more user-friendly, thereby creating mutual affection between user and utensil. That is when affection for utensil—as opposed to attachment—arises naturally.

電磁波の波長の作用で起こる現象ですが、そもそも火と土で造られた土物に、どうしてそのような力が備わるのでしょうか。人間の力が及ばないことが、台所にも存在するということに、密やかな愉快さを感じます。

普段は三年番茶を煮出すときに土瓶をよく利用していますが、「土瓶だし」を作るときにも便利です。煮出した昆布や干ししいたけなど、食材の香りが土瓶の湯の中で溶け出して、濃くて旨味のあるだしがとれるのです。

すまし汁にするときには、それに塩、みりん、しょうゆを加えて味を調えます。椀におぼろ昆布をひとつまみ。夏は梅干しを入れてもおいしく、三つ葉や細ねぎを加えてもいい。食卓で土瓶だしを注げば、風味豊かなすまし汁のでき上がりです。

土瓶でお茶を煎じ、だしを作る。こんなところに手を掛けてみると、また料理の世界が広がっていくようで心が躍ります。

土楽の土瓶

昔から〝薬缶〟として、漢方薬を煮出すために重宝されてきた土瓶。台所では、やかんと急須、両方の仕事を担います。

生産地：三重県伊賀市
生産者：伊賀焼「土楽」
素　材：伊賀の土、織部釉
大きさ：幅16㎝×高さ22㎝（取手まで）　容量800㎖

遠赤外線効果を持つため、土瓶で沸かした湯はとてもまろやか。茶葉、ハーブ、しょうがなどを煮出して好みのお茶を楽しんだり土瓶蒸し料理にも使える。

茶葉は市販のお茶パックに入れて使うと、土瓶を洗うときに楽。匂いがとれないときは、重曹水を入れて火にかけて温め、10分ほど置いてから洗う。

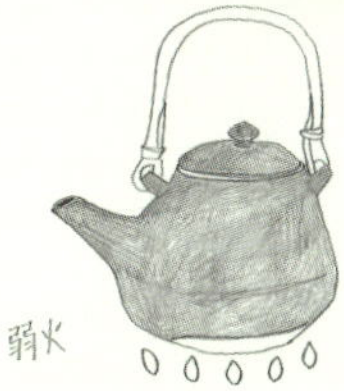

火加減は、釉薬に火がかからない程度の弱火〜弱めの中火に。火が強すぎると土瓶が割れたり、持ち手が焼ける恐れあり。

※使い始めは土鍋と同様におかゆを炊く（P.17参照）。

Clay Teapot *from Doraku*

Place of production:
Iga City, Mie Prefecture
Producer: Doraku-gama
Materials: Iga clay, Oribe glaze
Dimensions: 16cm (W) x 22cm (H) (including handle), capacity 800ml

Use low to medium-low heat at all times, making sure that the flame does not touch the glaze. Placing on excessive heat may cause the kettle to crack or the handle to burn.

Putting loose tea in disposable filter bags makes it easier to wash the kettle after use.

焙烙

HOROKU

Clay parching pan

しょうゆ大豆　**Shoyu-flavored soy** → P.131
焙烙で煎った大豆を、甘辛いたれに浸けてごはんの友に。

「香炉」のような煎り道具

「煎る」という調理法は縄文時代、土器が作られるようになってからが始まりとされています。それまでの調理法といえば、「煮る」「蒸す」が中心でしたから、「煎る」という新しい調理法のおいしさに、さぞかし人は歓喜したことでしょう。

焙烙。「ほうろく」または「ほうらく」と呼びます。

古くから、豆、ごま、穀物、茶葉などを煎るために使われてきた陶器製の道具です。

皿状のものと茶器型のものがあり、皿状のものを「焙烙」、茶器型を「ごま煎り器」と分ける地域もあります。

私にとって焙烙は、台所の「香炉」のようなものでしょうか。香りを愉しむためにわざわざ焙烙を使うこともあります。お香を焚いたときと同じような安らぎが得られるのです。

日本の伝統文化のひとつで、香りを当てる遊び「香道」では、香りを嗅ぐことを「香りを聞く」と表現します。香りの揺らぎを静かな心で愉しむときの独特な描写ですが、焙烙は、この感覚に似ています。

煎ったときの繊細な香りは、せわしない時間の中で、つかの間の「香りを聞く」時間です。ごまの香り、大豆の香り、茶葉の香り。どれも安らぎが得られる上質な香りです。

煎りたての香りを愉しむ

私は普段、茶器型の焙烙を使っています。

どんなに忙しくても、いや、忙しいからこそ、焙烙で食材を煎ります。煎り始めると、その心地よさと愉快さで時間を忘れます。忘れることがよいのです。時間を気にして台所仕事をすると、気が焦るばかりでちっともおいしいものができません。そんなときは、ひと呼吸おいて、焙烙で食材を煎り、香りを聞いて愉しむのです。


我が家での焙烙の仕事は、まず、ごまを煎ること。洗いごま（焙煎されていないごま）はもちろん、開封してから時間が経った煎りごまも、さっと煎れば香りが戻ります。

それから、煎茶を煎ってほうじ茶を作ること。

焙烙で煎茶を煎り始めると、ほどなくしてほうじ茶の香りが漂います。部屋全体がほうじ茶葉の香りでいっぱいに。煎りたての茶葉を急

Horoku is a clay utensil that has been used since ancient times for roasting beans, sesame, grains and tea leaves. Horoku for me is like an incense burner in the kitchen. I sometimes go out of my way to use horoku to enjoy the aroma as it gives me peace of mind similar to burning an incense. Kitchen utensils are like your co-workers. You see them as you enter the kitchen, livening up your day with aroma and sound. It lightens up your day as you prepare food in silent conversation with your utensils. It may be the key to making your food taste better.

須に入れ、沸かした湯を注いで待つこと1分。身も心も和むおいしさです。

煎り大豆も、焙烙を使って作ります。

煎り始めると、コロコロという鈍い音が段々乾いた音に変化します。カラカラ、カラカラ。まずその音を愉しむ。煎り続けると皮が破れ、大豆の香ばしいよい香りが漂ってくればでき上がり。

台所道具というのは共に働く仲間のようなもの。台所で彼らに会えば、ひとりきりの台所仕事も香りや音でいっぱいになります。気持ちは自然と弾み、彼らと沈黙の会話を愉しみながら料理ができます。それこそが料理をおいしくする鍵なのだと思います。

ほうじ茶　**Hoji-cha (roasted green tea)** ⇒P.132
煎りたての茶葉の香りが、部屋いっぱいに広がる。

土楽の焙烙

ひとつひとつ、ろくろで
丁寧に造られる焙烙（ごま煎り器）。
ごまのほか、茶葉、塩、大豆、コーヒー豆、
玄米などの食材を煎る道具として
重宝します。

生産地：三重県伊賀市
生産者：伊賀焼「土楽」
素　材：伊賀の土、素焼き
大きさ：全長19㎝、握り手8㎝、高さ5.5㎝、開口部の直径4㎝

茜色のたすきをかけたような「火だすき」という模様は、藁《わら》をのせて焼き上げる過程で現れる。ひとつひとつ異なり、どれも美しく個性的。

握り手は長めで持ちやすい。

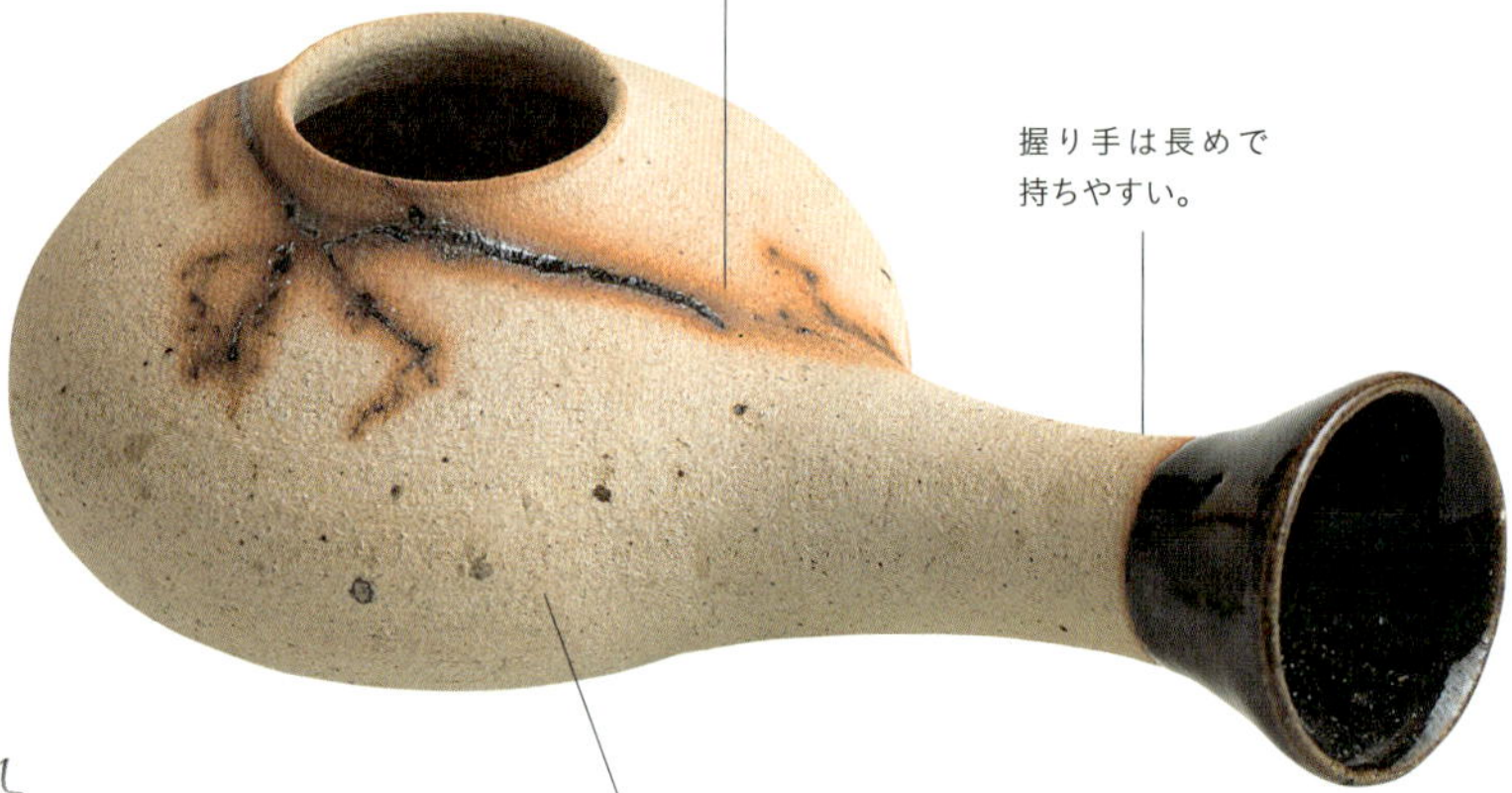

遠赤外線効果で熱を保ちやすく、短時間でムラなく煎ることができる。

注意

香りが移りやすいもの、とくにコーヒー豆に使う場合は、専用にするのがおすすめ。油や液体の調味料などを使用することはできない。

Clay Parching Pan *from Doraku*

Place of production: Iga City, Mie Prefecture
Producer: Doraku-gama
Materials: Iga clay, unglazed
Dimensions: Overall lgth. 19cm, handle 8cm, hgt. 5.5cm, opening dia. 4cm

◎ごまの煎り方

1 焙烙を中火で2～3分温める。

※ガタつく場合は、下に網を敷くと安定しやすい。

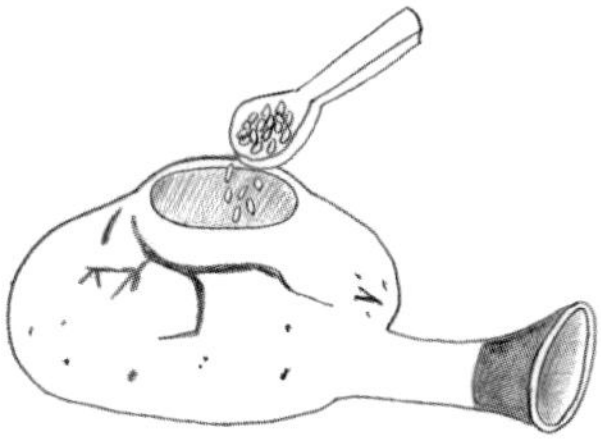

2 焙烙が十分熱くなったら弱火にして、スプーンなどを使って上の口から生のごま（洗いごまという名称で市販されている）を入れる。

※目安はティースプーン3杯。

注意

一度にたくさん入れると、煎りムラができるので、食材同士が重ならない程度を少量ずつ入れること。

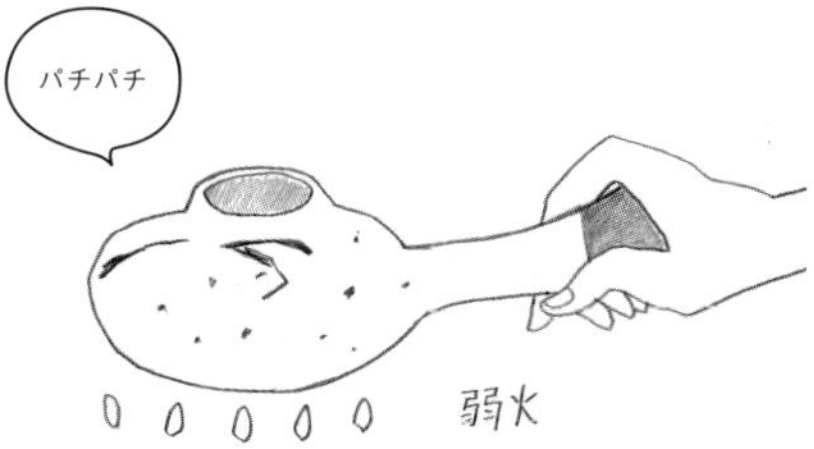

3 握り手を持ち、遠火で左右に動かしながら煎る。しばらくしてパチパチと弾ける音がして、ごまのいい香りがしてきたら火を止める。

4 握り手の先からごまを出す。

煎りごまも香ばしく

焙烙を弱めの中火で温めてから火を止め、煎りごまを入れる。余熱で約15～20秒、さっと煎るだけで香ばしさが復活。

◎ふだんのお手入れ

使用後は洗わずに、カスを落とすだけでOK。汚れが気になる場合は、水洗いを。その後、しっかりと乾かす。匂いがついてしまうので洗剤の使用は避ける。

注意

素焼きのため、水分が残ったまま火にかけると割れる心配がある。使うときはしっかり乾燥させてから。

Roasting sesame

1 Preheat horoku on medium heat for 2-3 minutes. Use grilling net underneath to stabilize horoku.

2 Lower heat when horoku becomes warm and put in up to 3 tsp of raw sesame from the top opening.

Simply shake out the chaff after use. There is no need to wash horoku. Wash with water and dry thoroughly if stain becomes noticeable. Do not use detergent as its scent will be transferred to horoku.

Heating unglazed horoku while wet may cause it to crack. Always dry thoroughly before using.

野菜のマサラ和え

Masala-seasoned vegetables →P.133

スパイシーな常備菜を保存。食べるときは甕壺ごと食卓へ。

甕壺

KAME TSUBO

Crock and jar

呼吸する陶製の保存容器

甕《かめ》と壺は、古くから日本酒、酢、味噌などの発酵調味料を醸造したり、食料を貯蔵したり、運搬したりするために使われてきました。甕は口が広く、大量に出し入れするときに使われる大型のもの。それに対し壺は、口と底がすぼまった形をしていて、人ひとりが運べるぐらいのサイズという解釈が一般的のようです。しかし、口の広さに関係なく壺の大型版が甕という説もあり、そのあたりは曖昧です。いずれにせよ、どちらも貯蔵目的に使われる蓋付きの容器です。

甕壺の素材は、陶器、磁器、ガラス、金属などがありますが、昔は陶器製がほとんどでした。陶器はほかの素材とは異なり、目に見えない小さな穴が無数にあって、呼吸をしているので、発酵調味料を醸造しやすいという利点があります。この通気性が発酵調味料の微生物を生かすのです。

また陶器は厚みがあって空気を含むため、甕壺内の温度が一定に保たれ、食品が傷みにくくなります。

私が普段使っているのは3、4寸ほどの小さな甕壺。冷蔵庫に入る

こんにゃくとひじきの佃煮
Konnyaku and hijiki tsukudani (preserved food boiled in soy) →P.134
こんにゃくを丁寧にちぎって作る惣菜。「あと一品」というときに。

Kame and tsubo have been used since the old times to brew fermented seasonings such as sake, vinegar and miso, and to store and transport food. Unlike other materials, clay has innumerable invisible holes that allow its content to breathe, which gives it an advantage in storing fermented seasonings. The thick, air-containing walls also maintain constant temperature inside kame and tsubo to prevent its content from spoiling. More pleasing to our senses and suited to keeping food, they offer a superior alternative to plastic containers.

サイズです。残り物のお惣菜、梅干し、漬物、佃煮、酢漬けなどの常備菜をコソッと入れて冷蔵庫に保存しています。

漬物や常備菜を入れる保存容器としては十分すぎるほど立派ですが、プラスチック製の容器に入れるよりも気持ちがいいですし、保存にも優れます。また、保存中の時間が味を育ててくれます。

甕壺に入った常備菜は、甕壺ごと食卓に並べます。あとは羽釜で炊いたごはんと味噌汁があれば、万事が調います。ひとりで食事をするときや、忙しくて料理する時間がないときにありがたい甕壺です。

甕壺が並ぶ姿を見るのも愉しく、蓋を開けたときの気持ちは格別です。蓋をつまんで中をのぞくと、姿は昨日と同じだけれど、甕壺の中でおいしくなっている常備菜。温かいごはんにのせて食べる幸せは、外食では到底味わえないごちそうです。私にとって甕壺は、いわば玉手箱なのです。

空っぽの甕壺のために、今日も常備菜をせっせと作ります。

木屋の甕

江戸時代から台所道具を販売する
「木屋」が扱う甕。
冷蔵庫にも収まる大きさで、
梅干し、味噌などの調味料や惣菜など
どんな食材でも保存できます。

生産地：三重県伊賀市
素　材：赤土、黒飴釉
大きさ：3寸▼口径10・5㎝×高さ10・5㎝、容量250㎖
3寸半▼口径10㎝×高さ12㎝、容量450㎖
4寸▼口径12㎝×高さ14㎝、容量550㎖

昔から、酒や味噌、しょうゆ類など発酵調味料の保存に使われてきた。

粒子の細かい赤土の素地に、黒飴釉で焼き締めた、貫入（細かいひび）のないガラス質の表面。

食材の色や匂いが染み込みにくく、清潔に扱えるうえ、保存している間に味がまろやかになる。

注意

電子レンジでは温めないこと。

Crock from Kiya

Place of production:
Iga City, Mie Prefecture
Materials:
Red clay, black ameyu glaze
Dimensions: Small 10.5cm dia., 10.5cm (H), capacity 450ml / Large 12cm dia., 14cm (H), capacity 550ml

Containers for preserved foods that are compact enough to fit in the refrigerator.
Resists color and odor from food. In addition to keeping food clean, it makes the food taste milder.
Mitigates temperature fluctuations inside the container and prevents food from spoiling. Have been used for storing fermented seasonings such as sake, miso and shoyu since olden days.
Do not use in microwave oven.

塩壺

SHIOTSUBO

Salt jar

大切な塩をサラサラにしてくれる

いまだに思い出すのは小学生のとき、母が作ってくれたおかずに目もくれず、ごはんに塩をかけて食べていたこと。そんな私を見て、母はいつも困惑した表情でしたが、私はどこかで、おいしさは塩で決まるのだ、ということを感じていました。

塩ひとふりで料理の味が変わってしまうのだから、塩の力は絶大です。おいしい料理というのは、大概、塩味にブレがありません。日本には、しょうゆや味噌という優れた発酵調味料がありますが、塩がなくては作ることはできませんし、世界中どこへ行っても、塩は味の基本です。

塩の用途は幅広く、御神事から家の掃除や洗いものまで、さまざまな場面で使われます。台所では、料理の味付けに使うだけではなく、食材の色止め、魚の臭み消し、保存、旨味を引き出すためにも使われます。

ありとあらゆるバランスを微調整する働きが、塩にはあるのではないかと思うほどです。

Salt is used in numerous occasions including Shinto rituals and home cleaning. It appears that salt can make fine adjustments of balance in all walks of life.
The shio-tsubo I use is the work of a ceramic artist in Fukuoka Prefecture. It is made using a technique called “yakijime” (firing at high temperature without the use of glaze), which allows the salt to breathe inside the jar. Salt needs to be kept dry so that you can easily take a pinch of it to season your food.

そんな頼りがいのある塩を、私は陶器製の塩壺に入れています。塩は心地よい入れ物に入れて丁重に扱いたいのです。プラスチックの容器に入れても構わないのでしょうけれど、つつましやかに壺に入った塩はまるで宝物のよう。たかが塩ひとつまみ、されど極めのひとつまみです。

私が使っている塩壺は、福岡県の陶芸家が製作したものです。釉薬をかけずに高温で焼く「焼き締め」という技法で造られ、壺が呼吸できるのが特徴。夏の暑さでベトベトになってしまった塩も、やがて乾いた状態に戻ります。

塩はサラサラでないとダメなのです。そうでなければ、塩を手でつまんで味を調えるという「手の加減」ができません。

手の加減というのは料理においてはとても大切です。手は計量スプーン代わり。指2本で少々(小さじ8分の1程度)、3本でひとつまみ(小さじ4分の1程度)、4本で小さじ半分程度。指で塩を計って、その感覚を覚えておけば、手は立派な道具になります。

塩に仕えるこの壺は脇目も振らず、塩の湿気をとることに一途です。

石原稔久さんの
塩壺

料理に欠かせない塩を入れたい塩壺。
呼吸し、塩の湿気を吸収してくれるので、
湿った塩や濡れた手でつまんだ塩が
翌日にはサラサラになります。

生産地：福岡県宮若市
デザインコーディネート・プロデュース：沼田塾
製作者：石原稔久
素　材：粗さの異なる土
大きさ：S▼直径9.5㎝×高さ7.5㎝
L▼直径11㎝×高さ（蓋を含む）8㎝

塩をつまむ手がすっぽり入る幅と高さ。つまむ塩の量を調節しやすい。

かたく、密度の高い陶器。粗い土と細かい土を混ぜ、陶器用の絵の具をかけて高温の薪窯でじっくり焼いて造られる。

日々呼吸し、湿気を吸収しているため、使用し続けるうちに飽和状態になる。ときどき湯洗いして、その後天日で完全に乾かすと、塩壺がふたたび呼吸し始める。

Salt Jar from Toshihisa Ishihara

Place of production:
Miyawaka City, Fukuoka Prefecture
Concept & design: Numata Juku
Producer: Toshihisa Ishihara
Materials: Soils of varying coarseness
Dimensions: Small 9.5cm(W), 7.5cm (H) / Large 11cm(W),8cm (H)

A breathing salt jar that absorbs moisture from salt.
Jar breathes and absorbs moisture from salt every day. Wash it from time to time and dry completely afterwards to allow the jar to start breathing again.
Perfect width and height for easy access.

鬼おろし

ONIOROSHI

Bamboo grater

すりおろすときのシャリシャリという音も小気味いい。

風格ある竹細工道具

鬼おろしの利用は、江戸時代、大根が安価で手に入りやすかったことから始まります。蕎麦、豆腐、焼き魚、汁ものなどに添える大根おろしが、庶民のあいだで急激に広まりました。粋な江戸人の料理への熱意は、この道具ひとつ見てもわかります。

鬼おろしのデザインをじっくり眺めてみると、日本建築の伝統工法のような風格があります。クギの使用は最小限で、接着剤を使わないはめ込み式です。

正面から見ると「鬼の歯」と呼ばれるおろし刃の突起が、互い違いにきれいに並んでいます。どこから眺めても美しく、竹の一直線の筋が楚々としていて、使う側も背筋が伸びます。

鬼おろしは「猛宗竹《もうそうちく》」という大型の竹で作られています。昔は水を入れて持ち運ぶのに竹が使われていました。また、抗菌作用のある竹の皮は、おむすびを包むのに今でも利用されています。

竹が持つ強靭さ、柔軟性、抗菌作用を、食品に利用してきた先人の知恵は、鬼おろしにも生かされています。

冷やしおろし蕎麦

Hiyashi-oroshi soba (cold buckwheat noodles with grated yam) ⇒P.135

たっぷりつゆをかけた蕎麦に、鬼おろしですった大根と山芋をかけて。

小さいけれど、まるで楽器のような佇まいの鬼おろしは、台所の窓際で行儀よく吊られています。台所に立てば目に入るので、料理をひらめいたときは、すぐに手を伸ばして使えます。

目の前にあることが大事なのです。引き出しの中にあったら、面倒がゆえに使う好機を逃しかねませんから。料理は重労働。しかし、すぐ手にとれる場所に調理道具があるだけで、ずいぶん気が楽になります。何より、台所の使い勝手をよくしていくと、心まで整理整頓されていくようで気持ちのいいものです。

かたい野菜もおろせる働きもの

私の住む長野県の伝統野菜で「ねずみ大根」という野菜があります。お尻が下膨れしている小さな大根です。姿はかわいらしいのですが、脳天がツンッとなるほど辛みが強く、普通の大根より締まっているのが特長です。

この大根を鬼おろしですりおろし、ゆでた蕎麦を冷水でキュッと締めて深皿へ。つゆをかけ、おろし大根をのせ、刻んだ細ねぎをちらし

Oni-oroshi is a grater made from a large bamboo variety called "moso bamboo." In the old days, bamboos were used to carry water. Bamboo leaf is still used today to wrap omusubi for its antibacterial properties. The wisdom of our ancestors who utilized toughness, flexibility and hygienic properties of bamboo can also be found in oni-oroshi. I don't use oni-oroshi exclusively for grating daikon: I also grate tougher vegetables such as renkon (lotus root), carrot and onion to make vegetable burger; potatoes for buchimgae; and raw yam as a topping for soba.

てでき上がり。私が一番好きな蕎麦の食べ方で、これは鬼おろしがあってこその料理です。

大根だけではなく、ゴロッとしたかたい野菜もおろします。れんこん、にんじん、玉ねぎで野菜ハンバーグを作ったり、じゃがいもをおろしてチヂミを作ったり。生で使う長芋は、とろろ蕎麦になります。おろすときの音もまた、シャリシャリと小気味いいのです。おろした食材は腑抜けにならず、存在感があります。すった断面が凹凸なので、食感や味の染み込みも抜群です。そして口に入れると荒々しいと思いきや、上品で軽やかなおいしさです。

この小さな楽器は、窓際でいつも出番待ちをしながら、私の台所仕事を見守っています。道具たちのおかげで毎日、台所の愉悦を味わえることの、何と幸せなことか。

野菜ハンバーグ　Vegetable burger ⇒P.136

鬼おろしでかたい野菜もおろして、ハンバーグのタネに。

脇田工芸社の鬼おろし

江戸時代から使われている伝統的な台所道具のひとつ。年々造り手が減っている中で、昔からの生産地である鹿児島で造られています。

生産地：鹿児島県鹿児島市
生産者：脇田工芸社
素　材：孟宗竹
大きさ：本体▼30㎝（持ち手を含む）×9㎝、高さ3㎝
受け皿▼23㎝×10㎝、高さ4㎝

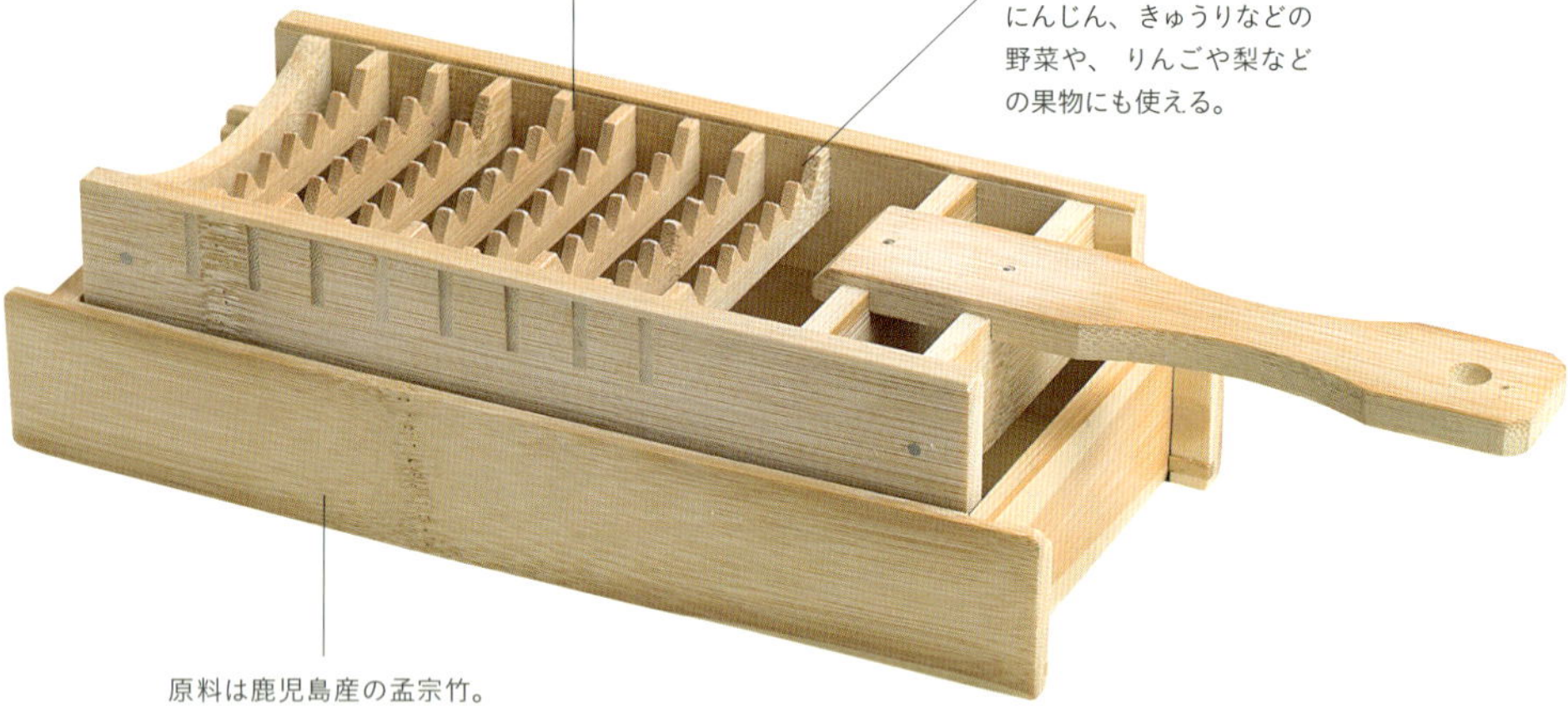

粗くおろせるので、食材の繊維が壊れない。素材の水分やうまみ、栄養分などが逃げにくいうえ、大根は辛み成分も出にくい。
鬼おろしでおろした野菜は、シャキシャキした食感。大根のほか、山芋、玉ねぎ、にんじん、きゅうりなどの野菜や、りんごや梨などの果物にも使える。
原料は鹿児島産の孟宗竹。丈夫で歯がすり減りにくく、長持ちする。

Bamboo Grater from Wakita Kogeisha

Place of production: Kagoshima City, Kagoshima Prefecture
Producer: Wakita Kogeisha
Materials: Moso bamboo
Dimensions: Upper part (including handle) 30cm (W) x 9cm(D) x 3cm(H) / Lower part 23cm (W) x 10cm(D) x 4cm(H)

◎基本のおろし方

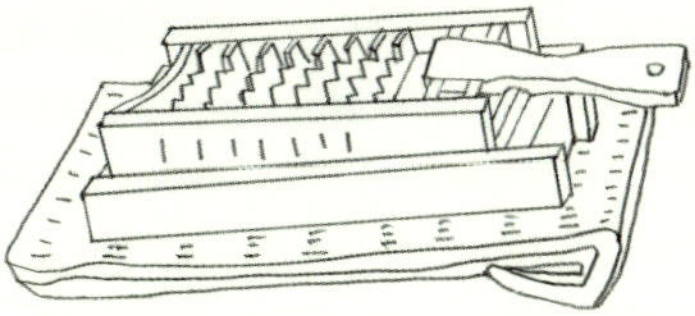

1 濡れぶきんの上に、鬼おろしを置く。

※ふきんの手前を少し折って高くすると、おろしやすい。

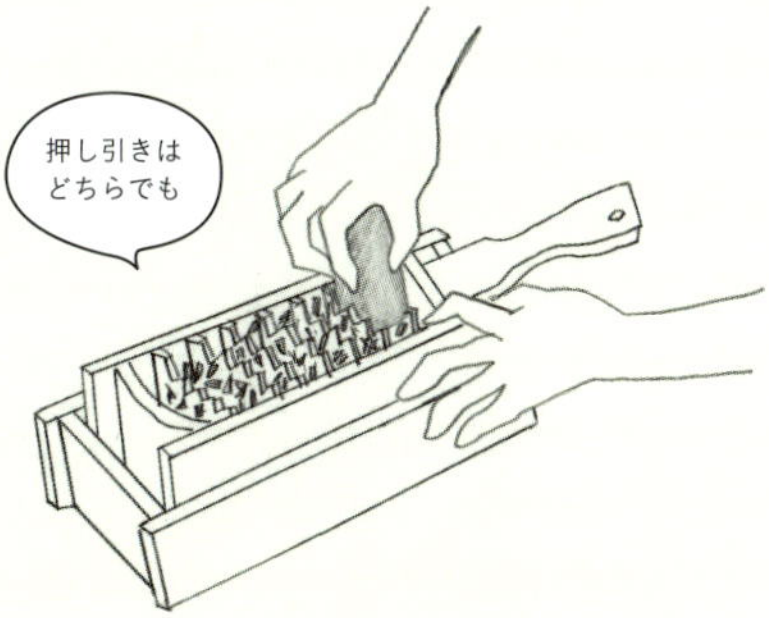

2 持ちやすい大きさに切った食材を歯に当て、上下におろす。

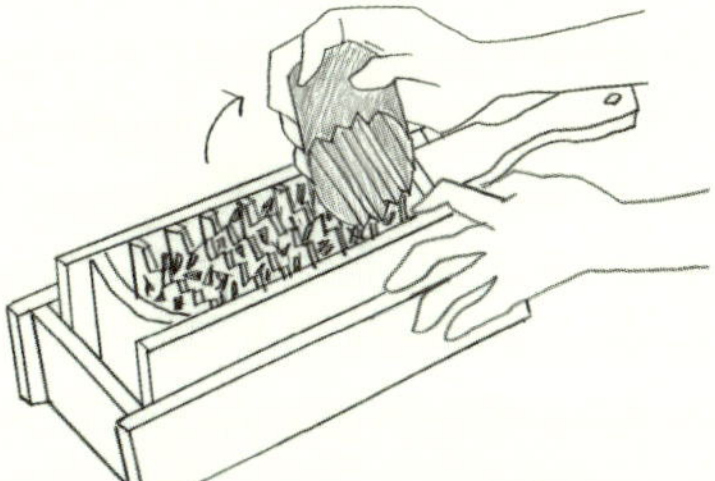

3 食材が歯に食い込んでおろしにくくなってきたら、食材の向きを変えておろす。

◎ふだんのお手入れ

注意　つけおき洗いや食洗機の使用はしないこと。

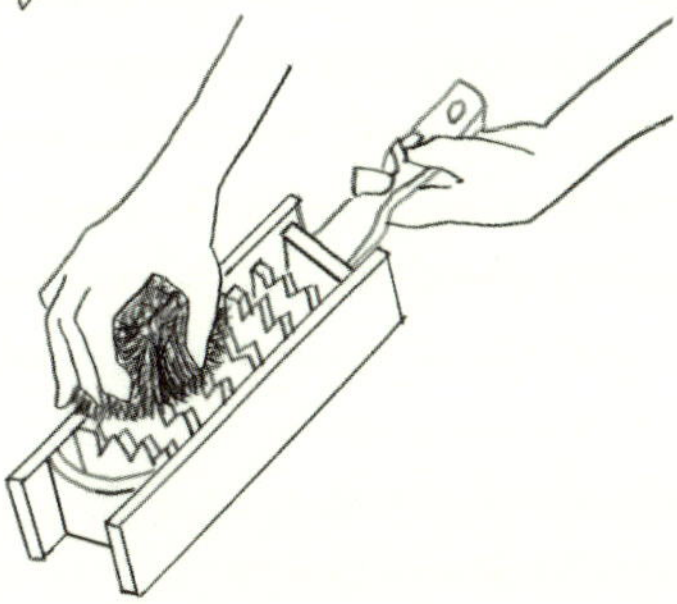

1 スポンジや棕櫚たわしで、さっと水洗いする。

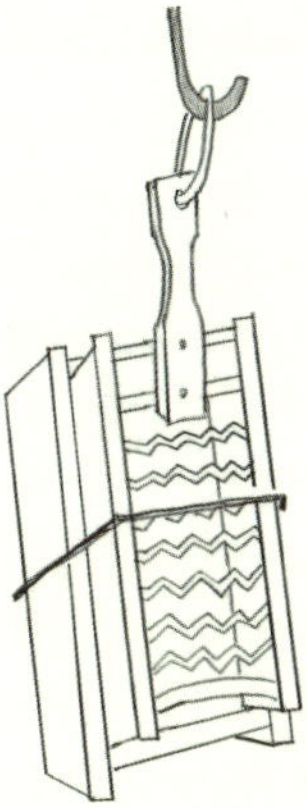

2 ふきんでよく水を拭きとってから、受け皿と鬼おろしを輪ゴムなどでとめ、吊るして保管する。

注意　吊るす場所がない場合は、完全に乾かしてからしまうようにする。湿った状態で引き出しなどに保管するとカビの原因になる。

Basic grating

1 Place oni-oroshi on a wet dish towel.
2 Cut ingredients into sizes that area easy to hold and grate up and down.
3 Grate in different direction when ingredients start dipping into grater's teeth.

Daily maintenance

1 Wash briefly with water using sponge or scourer. Do not soak in water or put in a dishwasher.
2 Wipe thoroughly with a dish towel. Hold the upper and lower parts of the grater together using a rubber band and hang on the wall to dry.

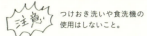

香りだれ Flavor sauce ⇒P.137
薬味野菜をすりおろして作るたれ。
おろし皿ごと食卓へ。

おろし皿

OROSHIZARA

Grating plate

我が家のちっちゃな秘蔵っ子

料理したものを、道具ごと食卓へ運んですぐ味わうのが理想です。ですから、道具を選ぶとき、器としても使えるかどうかは、私にとってとても重要です。

深緑色の土鍋。美しい顔立ちのすり鉢。暗黒色の南部鉄フライパンなど、私が使う台所道具は、器として使えるものが実に多いのです。毎日、料理の入った道具を食卓に運びながら「してやったり」とほくそ笑みます。

そんななかで、目立たないけれど、こまめに働く秘蔵っ子がいます。「おろし皿」です。ずっとこんな道具を探していましたから、このおろし皿が我が家に届いたときは、手をたたいて喜びました。皿をしげしげと見つめ、注ぎ口やおろし歯を指で撫で、その線が均一でないところにも惹かれました。皿状になっているので、汁が流れ落ちることもありません。どこをとっても申し分ないものでした。

このおろし皿は、すり鉢の窯元である山只華陶苑で、戦時中に不足していた金属製のおろし金の代替品として、作り始められました。

Ideally, I want to serve food in the utensil used for its preparation and serve immediately. Whether an utensil can be used as a vessel is an important criterion in its selection. The shape of ceramic grating surface is identical to that of a metal grater, realized through difficult technique that requires time and effort of skilled artisans. An essential condiment for boiled and chilled tofu dishes as well as noodles, ginger is the most common ingredient I use on this grater. Oroshi-zara is a stylish little utensil that delivers fragrance of ingredients to your dining table.

おろし金と同じ歯を陶器で造るという難しい技法で、手間がかかるため、型で造ることも現在の当主は考えました。しかし、おろしたときの食材の味が、手と型ではまったく違うことがわかり、迷わず手で造ることを選択。職人のそんな気骨がよい道具を生み出します。

陶器製と金属製の「おろし金」の違いを、しょうがで実験してみました。金属製は辛みが強く、シャープな味が印象的です。陶器製は辛みがマイルドで、尖った感じがありません。また金属特有の匂いもありません。

おろしたときの断面の違いか、素材の違いか。はたまた陶器の遠赤効果か。いずれにしろ、道具の違いで料理の味が変わるということを、このおろし皿が証明してくれました。

我が家でおろし皿の出番が一番多いのは、なんといってもしょうがです。冷や奴、湯豆腐、夏の麺料理には欠かせません。汁がこぼれないので、気を遣わずにすれるところも気に入っています。蕎麦を食べるときは、生わさびをするためにも欠かせません。

我が家の特製「香りだれ」は一年を通して作ります。麺や豆腐のトッピングとして、また手巻き寿司の味のアクセントにもなります。

おろし皿は食材の香りを食卓に届ける、小粋な道具なのです。

山只華陶苑のおろし皿

すりたての食材の香りを食卓に届けたいときに役立つおろし皿。麺料理の薬味に、たれ料理に、傍らに置いて重宝します。

生産地：岐阜県多治見市
生産者：山只華陶苑・加藤智也
素　材：多治見市高田区の青土、飴釉・藁灰釉など
大きさ：S▼片口入りの外寸・直径8㎝
M▼片口入りの外寸・直径12㎝

細かい歯は、ひとつひとつ手作業によって手間暇かけて作られる。

小皿としてそのまま食卓に出せる形状。片口付きで、調理中の余分な汁を除いたり、卓上でかけたりする際に便利。

金属製のおろし金に比べて、おろした食材の食感や味がマイルドになる。

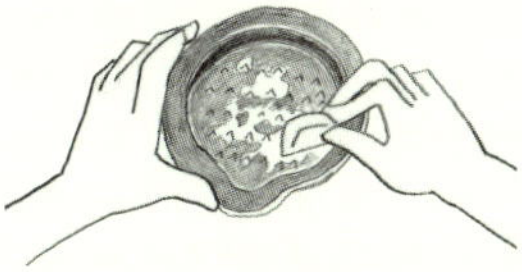

使うときは、濡れぶきんにのせるとすりやすい。片手に持って、もう片方の手で食材をすってもいい。

Grating Plate from Yamatada Kato-en

Place of production:
Tajimi City, Gifu Prefecture
Producer: Yamatada Kato-en
Materials:
Clay and glaze containing rice straw
Dimensions:
Small 8cm dia. (including lip) /
Medium 12cm dia. (including lip)

Convenient for delivering the flavor of freshly grated ingredients.
Food tastes milder compared to metal grater.
Place oroshi-zara on a wet dish towel to grate. Alternatively, hold it in one hand and grate the ingredient with the other hand.
Serve grated ingredients on oroshi-zara.

まな板
MANAITA
Cutting board

「トントン」の音が料理スタートの合図

森に住み始めて30年。植物の知識はありませんが、家のまわりで育つ木々たちの、小さな変化は知っています。

長く厳しい冬が終わると、木の温もりでそのまわりだけ早く雪が溶けること。白樺には、宿り木が寄生すること。秋になるとツリガネニンジンが焼き芋のような香りを放つこと。ミズナラは、その下に生息する植物に少しでも陽の光が当たるように、秋になると一番先に葉を落とすこと。

森の中では、それぞれの命が互いに調和する努力が、日々行われています。

私が木のまな板を使うのは、この森と同じような立ち位置で台所に立ちたいからです。

まな板になった木にも、命を輝かせた長い年月があります。幾度となく小枝に鳥が止まったでしょうし、動物が雨宿りをしたかもしれません。時を経て伐採され、まな板となり、縁あって我が家の台所へ来たわけです。愛さずにはいられない生命の形です。

なすのたたきのディップのオープンサンド
Eggplant dip open sandwich ⇒P.138
焼きなすをまな板の上でたたいてパンにも合うディップに。

トントンと木のまな板で音を出せば、それは料理が始まる合図。

「さぁ、これから仕事を始めますので、道具の皆々様、どうぞお力添えください」という挨拶で、道具にも私にもスイッチが入って、凛とします。

食材を切るときの、まな板の音は肝心です。昔、台所から聞こえていたあの美しい音は、木のまな板からでした。プラスチックのまな板では、あの響きにはならないのです。

まな板の澄んだ音というのは、こちらにやる気を起こさせ、気持ちを引き締めてくれます。

まな板は「小は大を兼ねる」

我が家のまな板は、福井県の「双葉商店」で製作されたもので、材質はイチョウです。速乾性、弾力性、抗菌作用があり、また適度に油分があるので、匂いや液が染みにくいのが特徴です。

私が使っているまな板は特注サイズ。手にとると、思いのほか小さく感じます。

それまでは、台所に合わせてまな板を選べばいいと思っていました。広い台所には大きなまな板。コンパクトな台所には小さなまな板と。

I use this particular wooden cutting board to feel the warmth of the forest surrounding my home. The cutting board came from a tree that once lived. Birds certainly perched on its branches innumerable times and many animals must have taken shelter at its trunk. It was cut down years later, transformed into a cutting board and by some fate came to my kitchen. It is a form of life you inevitably fall in love with. Utensils are there to make up for your shortcomings. Your kitchen chores will become more exciting and interesting if you get to know your utensils better and learn from them.

あるとき偶然、料理の仕事をしている友人が使っているまな板を手にして、唖然としました。それは目を見張るほど小さかったのです。「このサイズじゃないとダメなんですよ」と、迷いなく言う友人の言葉に正直、戸惑いました。それで同じサイズのまな板を双葉商店に作ってもらい、実際に使って、使い心地を確かめようと思ったのです。実際に使ってわかったのは、台所での作業に無駄がなくなったことでした。

調理するときは、ひとつの食材を切り終えたら、すぐに鍋やフライパンに入れ、また別の食材を切っては鍋に入れる。そのくり返しです。切った食材を鍋に入れるとき、大きなまな板では重くて難儀しますが、小さなまな板は軽くて効率的。作業が早くなります。

まな板は、小さい方が使い勝手がよく、楽に調理できることに気が付きました。まな板のサイズひとつで、こんなに効率が変わるとは思ってもみませんでしたので、嬉しい発見でした。

道具は自分の不足を補うためにあるものです。道具を知り、道具に学ぶ。そうすると、台所仕事はもっと刺激的で面白くなっていきます。

大切なのは、自分の調理のクセを知り、「不足」をしっかり見ること。それによってどんな道具が必要なのか自ずとわかってきます。

双葉商店のまな板

一般的なまな板より
やや小ぶりの〝小は大を兼ねる〟サイズ。
小ぶりなので、食材をのせたまま
鍋のそばへ移動するのにも便利です。

生産地：福井県福井市
生産者：双葉商店
素　材：イチョウ
大きさ：28㎝×21㎝、高さ3㎝

適度なかたさと弾力があるため包丁の刃当たりがよく、刃を傷めない。また、板の反りやゆがみも生じにくい。

天然フラボノイドが含まれているため、抗菌性が高い。食材の匂いもつきにくい。

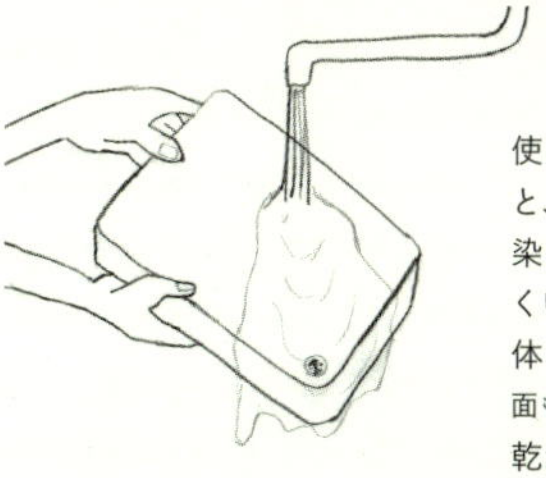

使用前に水で濡らしておくと、食材から出る汁が板に染みにくく、匂いがつきにくい。使用後はふきんで全体をしっかりと拭きとり（側面も忘れずに）、立てかけて乾かす。

イチョウの一枚板の頼もしい安定感。油分を適度に含むため、水分をよくはじき、乾きやすい。

Cutting Board from Futaba Shoten

Place of production:
Fukui City, Fukui Prefecture
Producer: Futaba Shoten
Materials: Ginkgo
Dimensions:
28cm(W) x 21cm(D) x 3cm(H)

Slightly smaller than the popular size. The lesser will serve for the greater.
Smaller size makes it easier to bring the board to the pan.
Wetting the board before use prevents liquid in ingredients from seeping into the board. Wipe the entire board with a cloth and dry thoroughly after use.
Adequate firmness and resilience of the material offer ideal contact with the kitchen knife and protect blade from cracking.

木べらとおたま、そして手

KIBERA, OTAMA AND HAND

Wooden spatula, ladle and hand

一番身近な台所道具は「手」

台所は五感を働かせる場所です。とくに利かせなければいけない「感」は鼻と舌ですが、もうひとつ、とても大事な働きをする「感」が「手」です。手は、台所道具のひとつと言っていいでしょう。

食材をちぎり、裂き、絞り、まるめ、たたき、伸ばす。手は、実に器用に台所仕事をこなします。例えばすり鉢料理は、手で和えなければ未完成と思えるほど、手の働きが大切です。

手は料理のことをよく知っている、有能な道具なのです。

台所の隅に置かれた鉢には、へら、フライ返し、おたまなどがぎっしりと入っています。木製、ステンレス製、シリコン製など、素材も形もいろいろです。そして、私の手が選ぶのは、決まって木製の木べらとおたま。木の感触は金属のものとは違って温かく、軽いのです。その感触を手が覚えてしまうと、ほかの素材をなかなか選んでくれません。

手は、道具の感触や使い勝手を無意識に知っています。どんなに見栄えがよくても、形がととのっていても、見た目だけではわかりません。いつも動かしている手だからこそ、嗅ぎとるのが上手なのです。

Kitchen is a place where you put your senses to work. Aside from the obvious olfactory and gustatory, tactile sense of your hand has a very important role to play. I regard my hand as one of my kitchen utensils. It tears, breaks, squeezes, rolls, pats and spreads the ingredients. While cooking, my hand keeps reaching for the same spatula and ladle every time from an array of utensils. The hand unconsciously knows the feel and user-friendliness of utensils, and I usually end up with wooden ones.

手元で使う道具は、ときに自分の手の代わりとなって働いてくれるもの。だからこそ、手の延長のような使い心地の、温かい感触を持つ木の道具と、台所仕事を共にしたいのです。

日々、台所で手が選ぶ木べらとおたま。この2本は、すぐ手にとれるようにコンロの後ろで仲良く並んでぶら下がっています。

木べらは長野県木曽の職人が製作してくれたもの。野球のバットなどに使われる「タモ」という木材で造られていて、薄く、持ちやすく、横から見れば、そのカーブにも色気があって、のびやかな姿をしています。木を削って造るため、思いのほか木材を要します。フライパンで炒めるときはもちろん、フライ返しにもなり、また、しゃもじとしてごはんを混ぜるという隠れ技もあります。

木べらの隣にいるおたまは、桜材。広島県宮島の職人が造っています。土鍋との相性がよく、一年を通して土鍋が活躍する我が家では、実に出番が多いのです。骨格がしっかりしていて、横に楕円になっている頭は、汁を出し入れるときにもこぼれず行儀がよく、最後の汁まですくうことができる優等生です。

台所道具というのは、結局、自分の五感を十分に使うところに面白さがあり、だからこそ、小物にまで目を届かせたいと思うのです。

道具のための
おいしいレシピ
Recipes for tools

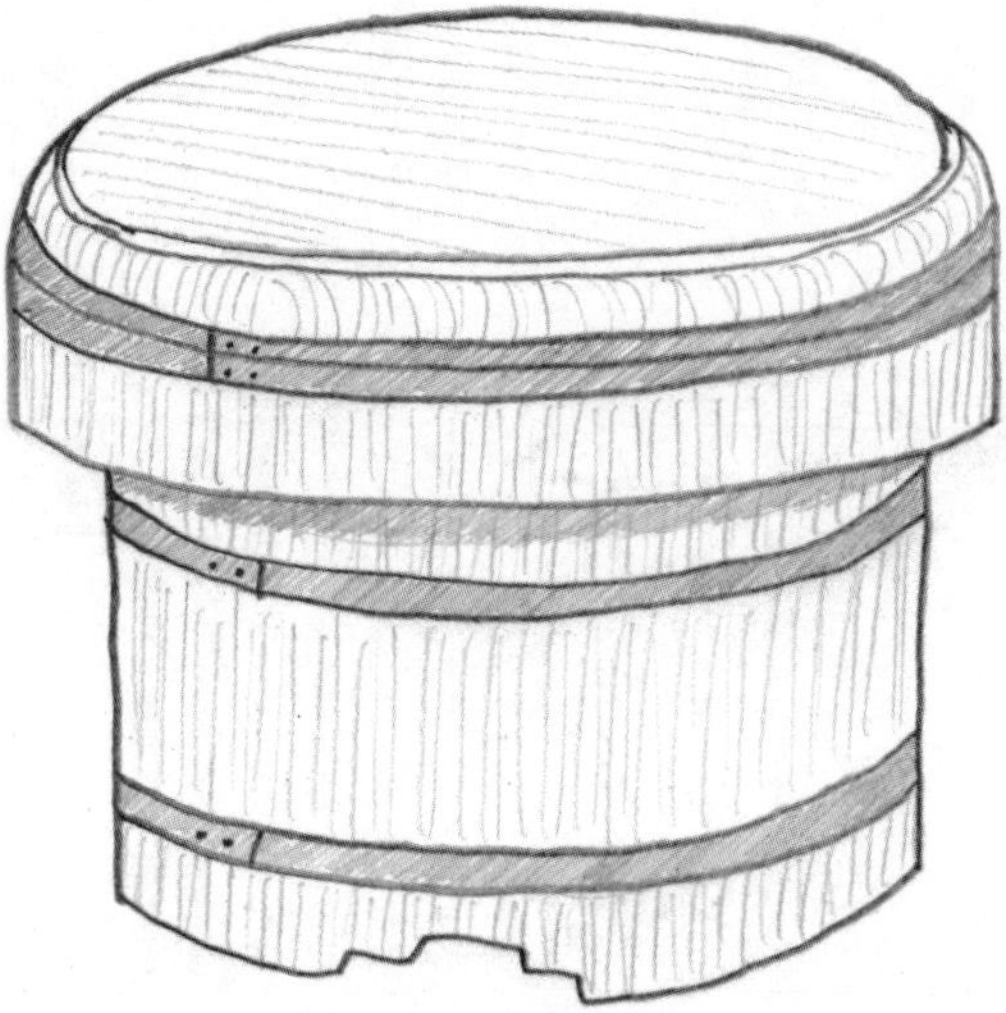

レシピについて

◎道具のこと

本書のレシピは、この本に登場する調理道具を使用して作ることを前提にしています。ほかの道具で代用する場合は、火加減や調理時間など、それぞれの道具の特性に合わせてご自身で調整してください。

◎調味料のこと

【塩】

ほのかな甘みのある天然塩を使用しています。同じ分量でも精製塩だと塩辛さや旨味など、異なる味に仕上がるのでご注意ください。


【しょうゆ】

本醸造のものを使用しています。とくに断りのない場合は濃口しょうゆを使っています。


【味噌】

米味噌を使用しています。商品によって塩辛さに幅があるので、味をみながら加えてください。


【酢】

米酢を使用しています。


【みりん】

本みりんを使用しています。


【日本酒】

本醸造酒または純米酒を使用しています。


【ごま油】

とくに断りのない場合は、香りと味が濃いものを使用しています。無味無臭の太白ごま油を使ったほうがよい場合は、そのように表記しています。太白ごま油がなければ、サラダ油で代用してください。


【バター】

有塩バターを使用しています。


【オリーブオイル】

火を通す場合はピュアオイル、生で使うときはエキストラバージンオイルを使っています。


【砂糖】

さとうきび粗糖を使用しています。

◎だし汁のこと

鰹と昆布でとっただしを使っています。好みのだしを使ってください。

◎野菜のこと

「皮をむく」という説明がある野菜（にんじん、大根など）でも、有機・無農薬の安心できるものなら、皮のまま使っても大丈夫です。

◎計量のこと

本書で使用している計量カップは、1カップ＝200㎖、計量スプーンは大さじ1＝15㎖、小さじ1＝5㎖です。

しょうが・にんにくひとかけは、親指第一関節から上ぐらいが目安です。

Notes

- This book uses Japanese measurement units; e.g. 1 cup = 200ml, 1 tbsp = 15ml and 1 tsp = 5ml.
- The oil mainly used is tasteless and scentless taihaku sesame oil which can be substituted by other bland vegetable oils.
- The butter used is salted.

Monastery soup ⇒P.11

修道院スープ

**3種類の野菜と水でスープを作ります。
季節の野菜を加えても。**

◎材料（土鍋8寸1個分／3〜4人分）

玉ねぎ … 1個
セロリ … 1本
じゃがいも … 3〜4個
バター … 10g
生クリーム … 大さじ3
塩、こしょう … 各適量

◎作り方

1 玉ねぎとセロリはみじん切りに、じゃがいもは皮をむき4等分に切り、約5㎜幅に薄切りにする。
2 土鍋にオリーブオイル大さじ2（分量外）を入れ、玉ねぎとセロリを加えて弱めの中火にかける。塩をひとつまみ加える。
3 ピチピチと音がしてきたら、野菜に汗が出てくるまで炒める。蓋をして、弱めの中火で蒸し焼きにする。ときどき蓋を開けて混ぜる。
4 玉ねぎが薄茶色になり、甘みが出てきたらじゃがいもを加え、中火で炒める。じゃがいも全体に油が回ったら、蓋をして弱めの中火で蒸し焼きにする。
5 じゃがいもがやわらかくなったら、水（分量外）をひたひたに入れて蓋をし、中火で沸騰させる。沸騰したら弱火にし、20分ほど煮込む。
6 大きめのスプーンでじゃがいもをざっとつぶす(a)。とろみ具合をみて、水分が少ないようだったら水をひたひたになるまでたす。
7 バターと生クリームを加え、塩、こしょうで味を調える。

じゃがいものかたまりは、スプーンの腹を使ってざっくり押しつぶす。小さな粒は残してOK。

**INGREDIENTS
(for 24cm clay pot, serves 3-4)**

- 1 onion
- 1 stalk of celery
- 3-4 potatoes
- 10g butter
- 3 tbsp fresh cream
- salt and pepper to taste

DIRECTIONS

1 Mince onion and celery. Peel the potatoes, cut into quarters and then to 5mm slices.
2 Pour 2 tbsp of olive oil (extra) into donabe, add onion and celery, and cook on medium-low heat. Add a pinch of salt.
3 Sauté until moisture starts to seep out of vegetables. Cover the pot and cook on medium-low heat. Uncover and stir occasionally.
4 Add potatoes when onion turns pale golden and stir on medium heat. When potatoes are completely coated with oil, put the lid and cook on medium-low heat.
5 When potatoes are tender, add just enough water to cover the vegetables and put the lid. Cook on medium heat until water starts to boil. Lower heat when the content boils and cook for about 20 minutes.
6 Lightly mash the potatoes with a large spoon (a). Add enough water to cover the vegetables if the soup is thick.
7 Add fresh cream and butter. Add salt and pepper to taste.

Korean pot ⇒P. 12

韓国鍋

**食材を土鍋にあふれるくらい
たっぷり重ねて煮込む、甘辛い味噌鍋。**

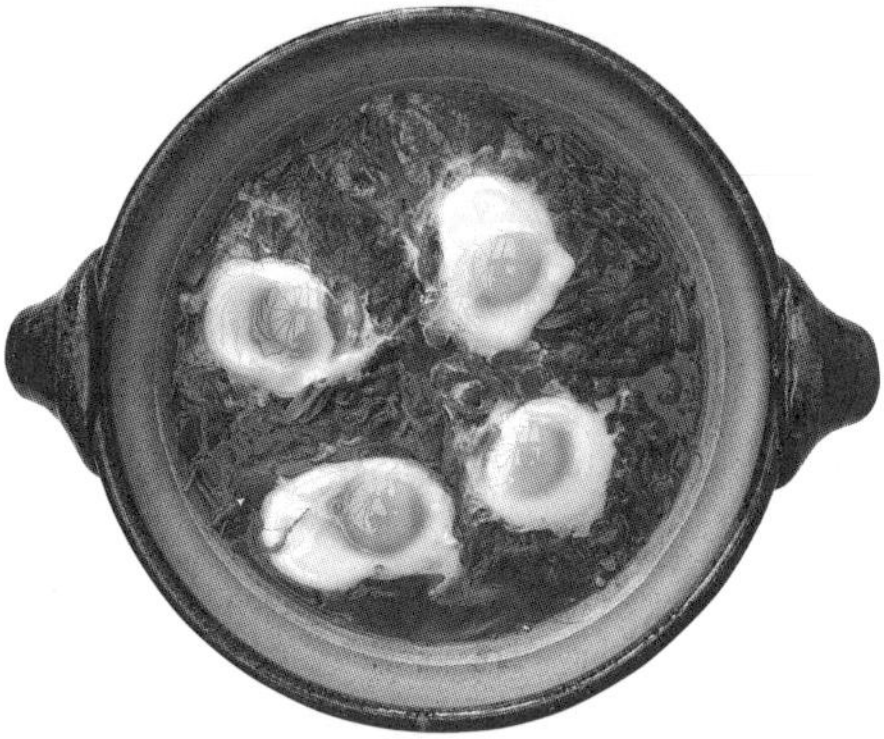

◎材料（9寸以上の土鍋1個分／4人分）

玉ねぎ … 1個
キャベツ（または白菜）… ¼個
長ねぎ … ⅔本
厚揚げ … 1枚
きのこ（好みのもの）… 両手いっぱい（約2カップ）
もやし … 1袋
だし汁 … 300mℓ
卵 … 4個

◆たれ

しょうゆ、味噌（中辛）、日本酒 … 各大さじ3
コチュジャン、砂糖 … 各大さじ2（好みで調整）
長ねぎ … ⅓本
にんにく、しょうが … 各ひとかけ
ごま油 … 大さじ1

※野菜の量は、土鍋の大きさに合わせて土鍋一杯になるように適宜調整。

◎作り方

1 玉ねぎは薄切り、キャベツはざく切り、長ねぎは斜め薄切り、厚揚げは5㎜幅に切る。きのこは石づきをとってほぐしておく。
2 たれを作る。長ねぎはみじん切り、にんにくとしょうがはすりおろす。材料をすべて混ぜ合わせる。
3 土鍋にごま油（分量外）を回しかけ、玉ねぎを平らに敷く。
4 3の上にキャベツをのせ、2の半量をかける。厚揚げ、きのこ、もやし、長ねぎを順にのせ、残りのたれをかける。
5 だし汁を注ぎ、蓋をして中火にかける。沸騰したら弱火で30～40分煮る。
6 卵を割り入れ、蓋をして4～5分煮る。

INGREDIENTS
(for 27cm clay pot or larger, serves 4)

- 1 onion
- ¼ head of cabbage
- ⅔ naganegi (Japanese leek)
- 1 piece atsu-age (deep-fried tofu)
- 2 cups of mushrooms of your choice
- 1 pack moyashi (bean sprout)
- 300ml dashi (Japanese broth)
- 4 eggs

•Sauce

3 tbsp each of shoyu (soy sauce), miso (medium salt) and sake, 2 tbsp each of gochujang and sugar, ⅓ of naganegi, a clove of garlic, a piece of ginger, and 1 tbsp of sesame oil

*Adjust the amount of vegetables according to pot size. Put just enough vegetables to fill the pot.

DIRECTIONS

1 Cut onion into thin slices and cabbage into small chunks. Cut naganegi diagonally into thin slices and atsu-age to 5mm strips. Remove root end of mushrooms and break the lump into smaller pieces.
2 Prepare the sauce. Finely chop naganegi, Grate garlic and ginger. Combine all ingredients. Adjust the amount of gochujang and sugar to your taste.
3 Pour sesame oil (extra) into the pot and flatly place onion slices.
4 Add cabbage and pour in half of the sauce. Add other ingredients in the order of atsu-age, mushrooms, bean sprout and naganegi, then add rest of the sauce.
5 Pour in dashi, cover and place over medium heat. Simmer on low heat for 30-40 minutes after it starts to boil.
6 Crack eggs into the pot and simmer for another 4-5 minutes.

｜土鍋｜

Rice casserole ⇒P.13

お米のグラタン

食材を土鍋に入れるだけ。
オーブンまかせのリゾット風グラタンです。

◎材料（片手鍋6寸1個分／2～3人分）

玉ねぎ … ½個
白米 … 100mℓ
マッシュルーム … 8個
アスパラガス … 2～3本
牛乳 … 150mℓ
生クリーム … 150mℓ
塩 … 小さじ¾＋調整用
こしょう … 少々
パルメザンチーズ … 大さじ2～3

◎作り方

1 玉ねぎとマッシュルームは薄切りに、アスパラガスは斜めに薄切りにする。
2 土鍋の底にバター（分量外）を塗り、玉ねぎを敷く。
3 2に白米をパラパラとかけ、さらにマッシュルームをのせる。
4 牛乳、生クリーム、塩を入れて中火にかける。
5 沸騰したら弱火にして、蓋をせずに10分煮る。味をみて、必要に応じて塩をたす。
6 アスパラガスを全体に散らし、こしょうをし、パルメザンチーズをかける。
7 200℃に予熱したオーブンに土鍋ごと入れ、焦げ目がつくまで約15分焼く。

INGREDIENTS
(for 18cm pot with handle, serves 2-3)

- ½ onion
- 100ml white rice
- 8 mushrooms
- 2-3 spears of asparagus
- 150ml milk
- 150ml fresh cream
- ¾ tsp salt
- dash of pepper
- 2-3 tbsp grated Parmesan cheese

DIRECTIONS

1 Thinly slice onion and mushrooms. Cut asparagus into thin diagonal slices.
2 Butter bottom of the pot (extra) and spread onion slices.
3 Sprinkle rice into the pot and spread mushroom slices.
4 Add milk, fresh cream and salt. Put on medium heat.
5 Lower heat after it starts to boil and cook for 10 minutes without cover. Check the taste and add salt as needed.
6 Add asparagus. Add pepper and Parmesan cheese.
7 Put the pot in an oven heated to 200°C (400°F) and bake for 15 minutes or until the surface starts to brown.

| 土鍋 |

Hot and sour fried noodles →P.15

酸辣《サンラー》焼きそば

酸味と辛味のきいた中華あんを、土鍋ごと食卓へ。好みで酢をたしても。

◎材料（土鍋8寸1個分／3〜4人分）

長ねぎ … ⅓本
しょうが … ひとかけ
きのこ（エリンギ、しいたけ、えのきだけなど）
… 両手いっぱい（約2カップ）
卵 … 1個
太白ごま油（またはサラダ油）… 大さじ1と½
豆板醤《トウバンジャン》 … 小さじ1
焼きそば … 2玉
もやし … 1袋
白ごま … 大さじ2
ごま油、ラー油（仕上げ用）… 各少々
A
だし汁 … 500mℓ
しょうゆ … 大さじ2と½
みりん、酢 … 各大さじ2
砂糖 … 小さじ½
塩、こしょう … 各適量
水溶き片栗粉 … 適量（水：片栗粉＝1:1）

◎作り方

1 長ねぎとしょうがはみじん切り、きのこは石づきをとってほぐす。卵は溶いておく。
2 土鍋に太白ごま油、長ねぎ、しょうが、豆板醤を入れて弱火にかける。ピチピチと音がしてきたら中火にし、数分炒める。
3 きのこを加え、さっと炒める。
4 Aを加えて沸騰させる。味をみて、塩、しょうゆ、多めのこしょうをたす。
5 水溶き片栗粉でやわらかいとろみをつけ、溶き卵を回しかける。ごま油とラー油をたらして香りをつけ、火を止める。
6 フライパンに油を少量（分量外）入れて強火にかけ、焼きそばを炒める。もやしを加えて炒める。火が全体に通ったら塩、こしょう（分量外）で味つけし、白ごまを入れて火を止める。
7 とり皿に焼きそばを入れ、あんをかけていただく。

INGREDIENTS (for 24cm clay pot, serves 3-4)

- ⅓ naganegi
- a piece of ginger
- 2 cups of mushrooms (eringi, shiitake, enoki etc.)
- 1 egg
- 1½ tbsp taihaku sesame oil (or any vegetable oil)
- 1 tsp doubanjiang
- 2 portions of yakisoba noodles
- 1 bag of bean sprouts
- 2 tbsp white sesame seeds
- dash of sesame oil and chili oil for seasoning

A
500ml dashi, 2 ½ tbsp shoyu,
2 tbsp mirin (sweet sake), 2 tbsp vinegar,
½ tsp sugar, salt and pepper to taste

- starch mixed in water as needed

DIRECTIONS

1 Finely chop naganegi and ginger. Prepare mushrooms for cooking by removing stems and breaking into fragments. Beat the egg.
2 Put taihaku sesame oil, naganegi, ginger and doubanjiang into the pot and place over low heat. Lower heat to medium after hearing a fizz and cook for a few more minutes.
3 Add mushrooms and cook some more.
4 Add **A** and continue to cook until ingredients come to a boil. Taste and add salt and shoyu to taste.
5 Thicken with water-diluted starch and pour the egg evenly in a spiral pattern. Add flavor with sesame oil and chili oil, and turn off heat.
6 Add a dash of oil (extra) into the frying pan and put over high heat to fry the noodles. Add bean sprouts. Sprinkle salt and pepper for flavor, add white sesame and turn off heat.
7 Place noodles on a plate and add ***5*** to serve.

｜羽釜｜塩壺｜

Shio-musubi ⇒P.19

塩むすび

丸、三角、俵形、大きい、小さい。
自由に握ってください。

◎材料（おむすび約6個分）

米 … 2合
塩 … 適量
海苔 … 全形⅓サイズを6枚

◎作り方

1 水加減は基本の分量から5％減らし、羽釜ごはんの炊き方（P.25）でごはんを炊く。
2 ごはんが炊き上がったら木べらで全体を混ぜる（おひつがあれば入れる）。
3 ごはんが熱いうちにおむすびを握る。まず手を水で濡らしてから、水分が手に残るようにふきんで手を軽く拭く。こうすると、握るときにおむすびの表面がべちゃっとならない。
4 3本の指に塩をつけ、両手をこすり合わせながら手のひら全体に塩を広げる（a）。
5 手にごはんをのせる。ごはんの量は、両手でごはんが包めるぐらいに。あまり力を入れすぎず、4、5回握って形作る。三角、丸など形は自由に。
6 好みで海苔を巻く。

まず手を清めるために指先3本に塩をちょんとつけ、両手をこすり合わせる。さらに、第2関節までしっかり塩をつけて、手のひら全体に広げて握る。

INGREDIENTS (for 6 omusubi)

- 360ml white rice
- salt to taste
- 6 one-third slivers of nori sheet (21cm x 19cm)

DIRECTIONS

1 Cook rice using 5% less water than cooking rice in hagama (p.25).
2 Mix the entire batch with a wooden spatula when rice is cooked.
3 Make omusubi while rice is still hot. Wet your palms with water and wipe lightly with a towel in such a way that palms will remain moist. This will prevent the surface of omusubi from becoming sticky.
4 Put salt on 3 fingers (a) and rub your hands to spread salt over your palms.
5 Put rice on your hand. The amount is right if you can cover it with your hands. Gently squeeze 4 to 5 times and form into desired shape (triangle, round etc.)
6 Cover with nori if desired.

羽釜

Hagama soup ⇒P.23

羽釜スープ

野菜の種類を変えれば、
洋風と和風どちらも楽しめます。

◎**材料（羽釜6寸1個分／4人分）**

◆**基本のスープ**

水1000㎖に対して、塩、薄口しょうゆ
（なければ濃口しょうゆ）、砂糖 … 各大さじ1
日本酒 … ⅓カップ
昆布 … 5㎠2枚

◆**スープの具材**

洋スープ

セロリ、じゃがいも、にんじん、キャベツ、かぶ、玉ねぎ、マッシュルームなどの野菜を好みで数種類 … 適量
オリーブオイル … ひと回し

和スープ

里芋、大根、長ねぎ、ごぼう、しいたけ、れんこんなどの野菜を好みで数種類 … 適量
がんもどき、厚揚げ、油揚げなどから1種類 … 適量

◎**作り方**

1 羽釜に基本のスープの材料を入れ、弱火にかける。
2 洋スープと和スープ、どちらの場合も具材を、大きめに切って入れる。具材はスープの中で浮いて泳ぐくらいが適量。
3 火を中火にして蓋をし、沸騰したら弱火でじっくりと味が染み込むまで数時間煮る。ときどき蓋を開けて、アクをとる。煮詰まって水分が減ったら、適宜水をたす。

※洋スープにはマヨネーズを和えた和がらし、和スープには和がらしでいただく。

INGREDIENTS
(for 19cm clay rice cooker, serves 4)

•Basic soup

[1 tbsp each of salt, shoyu and sugar for 1000ml of water, ⅓ cup sake, 2 5cm square sheets of kombu]

•Soup ingredients

For Western soup

Choose from a combination of vegetables such as celery, potato, carrot, cabbage, turnip, onion, and mushroom, and add a dash of olive oil

For Japanese soup

Choose from a combination of vegetables such as satoimo (taro), daikon radish, naganegi, burdock, shiitake and lotus root. Also add ganmodoki, atsu-age or abura-age, as desired

DIRECTIONS

1 Put basic soup ingredients in hagama and place over low heat.
2 Cut soup ingredients into large pieces for both types of soups.
3 Raise heat to medium. Change to low heat when the soup comes to a boil and cook slowly for several hours. Open the lid occasionally and skim off foam. Add water as needed if the soup is boiled down.

*Japanese mustard and mayonnaise go well with Western soup. Japanese mustard is good with Japanese soup.

Ethnic hand-roll sushi ⇒P.26

エスニック手巻き寿司

香味野菜でエキゾチックに。おひつがうちわ代わりです。

◎材料(4人分)

米、水 … 各2カップ
日本酒 … 大さじ1
昆布 … 5㎠1枚
白いりごま … 大さじ1

◆寿司酢

レモン汁、酢、砂糖 … 各大さじ1
塩 … 小さじ1と½

◆具材

インゲン、セロリ、きゅうり、細ねぎ、パクチー、三つ葉、大葉、アボカド、ピーナッツなど、好みのものを数種類 … 適量
海苔 … 4切適量
厚揚げ … 1枚

A
しょうゆ … 大さじ2
砂糖、日本酒 … 各大さじ1

◎作り方

1 寿司酢の材料をすべて混ぜ合わせておく。
2 米を洗い、水、日本酒、昆布を入れて30分ほど浸ける。昆布を入れたまま、ごはんを炊く。炊き上がったら5分蒸らしてから蓋を開け、寿司酢を回しかける。しゃもじで全体を混ぜて蓋をし、さらに5分蒸らしたら、再び蓋を開けて白ごまを加えて混ぜる。
3 おひつに移して約40分おく。
4 具材を用意する。厚揚げは1cm角の拍子木切りにし、Aとともに鍋に入れて、水気がなくなるまで中火で炒める。インゲンはゆで、セロリ、きゅうり、細ねぎ、パクチーと共に5cm長さに、アボカドは皮をむき、種をとって10等分に切る。ピーナッツは皮をむいてすり鉢で粗くつぶす。
5 食卓におひつと具材を並べる。海苔にごはんと具材をのせて巻き、しょうゆや香りだれ(P.137)につけながら食べる。

INGREDIENTS (serves 4)

- 2 cups rice and 2 cups water
- 1 tbsp sake
- 1 5cm kombu squares
- 1 tbsp parched white sesame

•Sushi vinegar

1 tbsp each of squeezed lemon, vinegar and sugar. 1½ tsp salt

•Ingredients

Choose from ingredients of your choice such as string beans, celery, cucumber, hosonegi (small green onion), cilantro, mitsuba, aojiso (Japanese basil), avocado, and peanuts
Quarter nori sheets as required
1 atsu-age

A
2 tbsp shoyu
1 tbsp each of sugar and sake

DIRECTIONS

1 Mix all ingredients for sushi vinegar.
2 Wash rice. Add water, sake and kombu and soak for about 30 minutes. Cook rice with kombu. After rice is cooked, steam 5 minutes and pour the vinegar evenly in a spiral pattern. Mix the entire rice with shamoji (rice paddle), cover and steam 5 minutes more. Open the cover, add white sesame and mix again.
3 Put rice in ohitsu and let cool for 40 minutes.
4 Prepare the ingredients. Cut atsu-age into 1cm strips, put them in the pot with **A** and fry until they are dry. Boil string beans and cut into 5cm lengths along with vegetables that are served raw such as celery, cucumber, hosonegi and cilantro. Peel avocado, remove the seed and cut into 10 slices. Peel the peanuts and crush coarsely in suribachi.
5 Place ohitsu and ingredients on the table. Put rice and ingredients on nori and roll. Enjoy with shoyu or flavor sauce (P.137).

Spicy sautéed mushrooms ⇒P.32

きのこの辛味炒め

中華風の甘辛きのこ炒め。
木べらできのこを押しながらパリッと焼きます。

◎材料（2人分）

太白ごま油（またはサラダ油）… 大さじ2と⅔
にんにく、しょうが … 各ひとかけ
長ねぎ … 10㎝
きのこ（しめじ、エリンギ、しいたけなど）
… 両手いっぱい（約2カップ）
油揚げ … 1枚
豆板醤 … 小さじ½（または唐辛子を⅓本）
A ┌ しょうゆ、みりん、日本酒 … 各小さじ2
　│ 砂糖 … 小さじ1
　└ 味噌（赤味噌または中辛味噌）… 小さじ¼

◎作り方

1 にんにくは粗みじん、しょうがは薄切り、長ねぎは縦半分に切ってから1㎝長さに切る。油揚げは短冊切りにする。きのこは石づきをとって食べやすい大きさにほぐしておく。
2 Aを混ぜておく。
3 太白ごま油大さじ⅔を南部鉄フライパンに入れ、底全体に油が回るように塗って強火にかける。煙が出たらひと呼吸置いて中火にし、きのこと油揚げを入れて焼く (a)。火が通ったら皿にとり出し、弱火にして太白ごま油大さじ2を加える。
4 にんにく、しょうが、長ねぎを入れて弱火で炒める。薬味野菜の色が変わり始めたら、豆板醤を加えて弱火で約1分炒める。きのこと油揚げを戻し入れ、中火でさっと炒める。
5 2を回しかけ、水分がなくなるまで中火で手早く炒める。

頻繁に混ぜずに、へらで押しながら焼きつけると旨味が逃げにくい。

INGREDIENTS (serves 2)

- 2⅔ tbsp taihaku sesame oil (or any vegetable oil)
- a clove of garlic and a piece of ginger
- 10cm of naganegi
- 2 cups of mushrooms such as shimeji, eringi, and shiitake
- 1 abura-age
- ½ tsp doubanjiang

A ┌ 2 tsp each of shoyu, mirin, sake
　│ 1 tsp sugar
　└ ¼ tsp miso

DIRECTIONS

1 Coarsely chop garlic, thinly slice ginger. Cut naganegi lengthwise and then to 1cm lengths. Remove root end of mushrooms and break into easy-to-eat sizes.
2 Mix **A**.
3 Cover the entire bottom of frying pan with 2/3 tbsp of taihaku sesame oil (extra) and place over high heat. After oil starts to smoke, lower heat to medium and sauté mushrooms and abura-age. Take them out of the pan when cooked, reduce to low heat and add 2 tbsp of taihaku sesame oil.
4 Put garlic, ginger and naganegi in the pan and sauté at low heat. Add doubanjiang when the color of these condiments starts to change and sauté at low heat for another minute. Put back mushrooms and abura-age into the pan and briefly sauté at medium heat.
5 Add ***2*** evenly into the pan in a spiral pattern and quickly sauté at medium heat until moisture is evaporated.

｜南部鉄フライパン｜

Oven-baked vegetables with bread ⇒P.35

野菜とパンのオーブン焼き

フライパンひとつで作れる野菜のオーブン料理。旬の野菜でアレンジして。

◎材料（直径21㎝の南部鉄フライパン1個分）

じゃがいも（または長芋）、玉ねぎ（または長ねぎ）、マッシュルーム、なす、ズッキーニ、カリフラワー、ブロッコリーなどから好みで3〜4種 … 適量（フライパンに入る量）
パン（フランスパン、カンパーニュなど）… 1〜2枚
生クリーム … 150〜200㎖
塩、こしょう … ひとつまみ
パルメザンチーズ … 適宜

◎作り方

1 じゃがいもと玉ねぎはくし形、マッシュルームは縦半分に切る。なすとズッキーニは輪切り、カリフラワーとブロッコリーは小房に切る。パンは1㎝角に切る。
2 南部鉄フライパンにオリーブオイル大さじ1（分量外）を入れて強火にかける。煙が出てきたらひと呼吸置いて中火にする。
3 1の野菜を入れて両面焼く。まず片面をこんがりと中火で、裏返して蓋をし、弱火でやわらかくなるまで焼く。塩少々をふる。1回で焼けない場合は2回に分けて焼く。
4 パンを加えてさっと炒める。
5 生クリームを食材の高さの半分まで加え、沸騰したら塩、こしょうで味を調える。
6 パルメザンチーズをかけ、210℃に予熱したオーブンで薄茶色の焼き目がつくまで、約15分焼く。

INGREDIENTS (for 21cm ironware frying pan)

- 3-4 varieties of vegetables such as potato, onion, mushroom, eggplant, zucchini, cauliflower and broccoli (in an amount that fits the frying pan)
- 1-2 slices of bread (e.g. baguette, campagne)
- 150-200ml fresh cream
- pinch of salt and pepper
- Parmesan cheese as needed

DIRECTIONS

1 Cut potatoes and onions into wedges. Cut mushrooms in half, eggplants and zucchinis into round slices. Break cauliflower and broccoli into florets. Cut bread into 1cm squares.
2 Pour 1 tbsp of olive oil (extra) into Nambu ironware pan and place on high heat. When oil starts to smoke, lower heat to medium after a slight pause.
3 Add the vegetables in *1* and sauté one side until golden brown, turn over, cover pan and cook until they soften. Add salt. Repeat this process if you cannot bake all vegetables at once.
4 Add bread and cook briefly.
5 Add fresh cream to half the height of the ingredients. Add salt and pepper to taste when it comes to a boil.
6 Add Parmesan cheese and bake in oven at 210°C (410°F) for about 15 minutes.

| 南部鉄フライパン |

Tofu okonomiyaki ⇒P.37

豆腐のお好み焼き風

粉を一切使わない、豆腐と卵の和風オムレツ。

◎材料（4人分）

太白ごま油（またはサラダ油）… 大さじ1と½
もめん豆腐 … 1丁（400g）
卵 … 3個
細ねぎ … 7本
しょうが … ひとかけ
塩、こしょう … 各少々
揚げ玉、マヨネーズ、青のり … 各適宜

◆ソース

ケチャップ … 大さじ2
濃厚ソース … 大さじ2
しょうゆ … 大さじ½

◎作り方

1 細ねぎは小口切り、しょうがは千切りにする。ソースの材料を混ぜ合わせておく。
2 鍋に湯を沸騰させ、塩をひとつまみ（分量外）と、豆腐を手で10等分に割って入れ、2分ゆでる。ザルにとり、重しをして水切りする（a）。
3 ボウルに卵を溶き、細ねぎ、しょうが、塩、こしょうを混ぜ合わせる。
4 南部鉄フライパンに太白ごま油を入れて強火にかける。煙が出てきたら、ひと呼吸置いて中火にする。
5 豆腐を入れ、両面こんがりと焼く。
6 3を回しかけ、蓋をして弱めの中火で蒸し焼きにする。卵が固まったら火を止める。
7 揚げ玉をかけ、ソースとマヨネーズをぬり、青のりをかけてそのまま食卓へ。

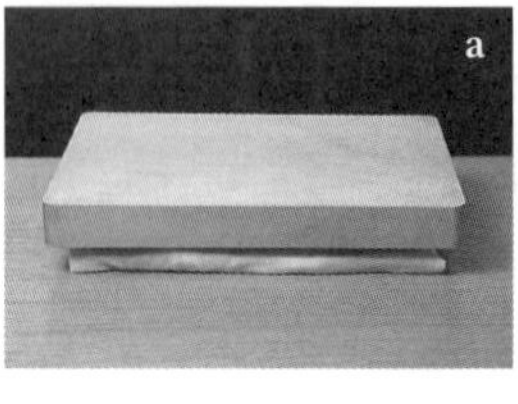

a 豆腐をゆでてから厚手のふきんにはさみ、上にまな板などで重しをして15分ほど置くと水が切れる。

INGREDIENTS (serves 4)

- 1½ tbsp taihaku sesame oil(or any vegetable oil)
- 1 momen-dofu (rough-grained tofu) 400g
- 3 eggs
- 7 hosonegi
- 1 piece of ginger
- dash of salt and pepper
- agedama (bits of fried batter), mayonnaise and aonori (green laver) as needed

•Sauce

2 tbsp of ketchup
2 tbsp noko sauce (or Worcester sauce)
½ tbsp shoyu

DIRECTIONS

1 Cut hosonegi into small pieces and shred ginger. Mix all sauce ingredients.
2 Boil water in a pot. Divide tofu into 10 pieces by hand and put it into the pot with a pinch of salt (extra) and boil for 2 minutes. Put tofu in a strainer and place it under a weight to drain water (a).
3 Beat the eggs in a bowl and mix in hosonegi, ginger, salt and pepper.
4 Put sesame oil into the Nambu ironware frying pan and place over high heat. When oil starts to smoke, lower heat to medium after a slight pause.
5 Bake tofu until golden brown on both sides.
6 Pour ***3*** evenly in a spiral pattern, cover and put on medium-low heat. Turn off heat after the eggs are cooked.
7 Add agedama, spread sauce and mayonnaise, sprinkle aonori and serve.

Grilled and marinated vegetables ⇒P.42

焼き野菜の和マリネ

焼き網で香ばしく焼いた野菜を、
しょうゆベースのマリネ液につけるだけ。

◎材料(2〜3人分)

まいたけ、しいたけ … 片手いっぱい(約1カップ)
パプリカ … ⅓個
カリフラワー … ¼株
アスパラガス … 2本
※季節の野菜を使う。火の通りにくい野菜はあらかじめ下ゆでする。

◆マリネ液

しょうゆ、みりん … 各大さじ2
酢、オリーブオイル … 各大さじ1
だし汁 … 100㎖
玉ねぎ … ⅙個
にんにく … ¼かけ
唐辛子 … ½本

◎作り方

1 玉ねぎとにんにくは薄切りにして、マリネ液用のほかの材料と共に混ぜ合わせておく。
2 まいたけとしいたけは石づきをとる。カリフラワーはかためにゆで、小房に分ける。パプリカは縦半分に切る。アスパラガスは根元のかたい部分を切り落とし、下5㎝ほど皮をむき半分に切る。
3 野菜をボウルに入れ、オリーブオイル(分量外)を回しかけ、手で和える(a)。
4 野菜を焼き網で焼く。
5 焦げ目がついたものから、マリネ液につける。パプリカは小さめの乱切りに、まいたけは食べやすい大きさに裂き、しいたけは半分に切る。
6 1時間ほどおいて味を馴染ませる。

焼き網で焼く前に、野菜を油でコーティングしておくと、早く香ばしく焼ける。

INGREDIENTS (serves 2-3)

- 1 cup of maitake/shiitake mushrooms
- ⅓ paprika
- ¼ head of cauliflower
- 2 spears of asparagus

*Use vegetables in season. Boil in advance vegetables that require cooking time.

•Marinade

2 tbsp each of shoyu and mirin
1 tbsp each of vinegar and olive oil
100ml of dashi
⅙ onion
¼ garlic clove
½ chili pepper

DIRECTIONS

1 Thinly slice onion and garlic, and mix with other marinade ingredients.
2 Remove root end of maitake and shiitake. Boil cauliflower briefly, retaining its firmness, and break it into florets. Cut paprika lengthwise. Cut off hard end of asparagus, peel about 5cm from the bottom and cut in half.
3 Put the vegetables in a bowl, sprinkle olive oil(extra) and mix with hand (a).
4 Grill vegetables on grilling net.
5 Soak vegetables that have turned golden brown in the marinade. Cut paprika into small chunks, tear maitake into easy-to-eat sizes and cut shiitake in half when doing so.
6 Leave for about an hour to let the taste soak in.

| 焼き網 |

Vegetable and abura-age bowl ⇀P.45

野菜とお揚げの小どんぶり

こんがり焼いた野菜とお揚げを、卵でとじた小さな丼。

◎材料（1人分）
長ねぎ … 10㎝
しいたけ … 1枚
油揚げ … ⅔枚
卵 … 1個

◆つゆ
だし汁 … 大さじ4
しょうゆ … 大さじ1
みりん … 大さじ2

◆仕上げ用
海苔 … 4切1枚
揚げ玉 … 大さじ1

◎作り方

1 長ねぎは半分の長さに切る。しいたけは石づきをとる。

2 長ねぎとしいたけ、油揚げを焼き網にのせ、中火で焼く。長ねぎは皮に焦げ目がついて、指で押すとやわらかくなるまで焼き、外皮1枚をむいて1.5㎝長さに切る。油揚げとしいたけも、こんがり焼けたら約1.5㎝の角切りにする。

3 卵を溶く（15回ほど混ぜ、黄身と白身を混ぜすぎない）。

4 つゆの材料を鍋に入れ、火にかける。2を鍋に加え、沸騰したら弱めの中火にして、溶き卵を2回に分けて入れる(a)。火を止め蓋をして1分おく。

5 小丼（または大きめの茶碗）にごはん（分量外）、ちぎった海苔、揚げ玉、4の順に盛りつける。

1回目は全量の¾(主に白身の部分）を入れて蓋をし、弱めの中火で1分ほど煮る。蓋をとり、卵の残りを回しかけると、とろりとした仕上がりに。

INGREDIENTS (serves 1)
- 10cm naganegi
- 1 shiitake
- ⅔ abura-age
- 1 egg

•Sauce
4 tbsp dashi
1 tbsp shoyu
2 tbsp mirin

•Topping
a quarter nori sheet
1 tbsp agedama

DIRECTIONS

1 Cut naganegi into half lengths. Remove the hard tip of shiitake.

2 Place naganegi, shiitake and abura-age on yaki-ami and grill on medium heat. Grill naganegi until skin turns brown and its texture is soft. Peel the outer skin and cut into 1.5cm lengths. Also remove abura-age and shiitake from yaki-ami after they turn light brown and cut into 1.5cm cubes.

3 Beat the egg.

4 Put the sauce ingredients into the pot and place over heat. Add naganegi, shiitake, abura-age into the pot. Reduce heat to medium-low after it comes to a boil and add beaten egg in two throws (a). Turn off heat, cover and let simmer for 1 minute.

5 Put rice, shredded nori, agedama and *4* in a small bowl, in that order.

| 丸網 | 土鍋 |

Tofu chawan-mushi (steamed custard) ⇒P.48

豆腐の茶碗蒸し

土鍋に深めの皿を入れて蒸し上げる、変わり茶碗蒸し。

◎材料（3〜4人分）

絹豆腐 … ½丁（200〜250g）
卵 … 2個
だし汁 … 300㎖
薄口しょうゆ（または濃口しょうゆ）、砂糖、塩 … 各小さじ½
豆苗 … ひとつかみ

◆あん

だし汁 … 120㎖
薄口しょうゆ（または濃口しょうゆ）、みりん … 各大さじ1
水溶き片栗粉 … 適量（水：片栗粉＝2：1）

◎作り方

1 500㎖ほど入る深めの器に、絹豆腐を大きめに割って入れる（10等分くらいが目安）。
2 ボウルに卵を溶き、だし汁、薄口しょうゆ、砂糖、塩を加える。
3 2を茶こしでこしながら、1の器に流す。
4 土鍋の底に丸網を入れ、丸網の高さまで水を注いで3の器をのせ、蓋をする。弱めの中火にかけ、沸騰してから15〜20分蒸す。
5 あんを作る。だし汁、薄口しょうゆ、みりんを小鍋に入れて火にかける。沸騰したら水溶き片栗粉を少しずつ入れながらかき混ぜ、やわらかいとろみをつける。
6 土鍋の蓋を開け、卵の表面が固まっていたら完成。5のあんをかけ、豆苗（食べやすい大きさに切る）をのせて蓋をして、約1分おいてから鍋ごと食卓へ。

INGREDIENTS (serves 3-4)

- ½ kinu-dofu (fine textured tofu) 200-250g
- 2 eggs
- 300ml dashi
- ½ tsp each of shoyu, sugar and salt
- a handful of pea sprouts

•Starchy sauce

120ml of dashi
1 tbsp each of shoyu and mirin
starch mixed in water as needed

DIRECTIONS

1 Divide tofu into about 10 pieces and put in a deep plate with a capacity of approximately 500ml.
2 Beat eggs in a bowl. Add dashi, shoyu, sugar and salt.
3 Pour ***2*** into the plate in ***1***.
4 Place maru-ami (round grilling net) at the bottom of earthen pot, pour water to the height of maru-ami, place the plate on maru-ami and cover. Place the pot on medium-low heat and steam for 15-20 minutes after the water starts to boil.
5 Prepare the an (starchy sauce). Put dashi, shoyu and mirin in a small pot and place over heat. When it comes to a boil, add starch mixed in water (at the ratio of 1 starch to 2 water) in small quantities and mix to add thickness.
6 Open the pot cover and check the surface texture. It is ready when firm on surface. Add pea sprouts and wait 1 minute before serving.

丸網が収まる土鍋がなければ、大きめの鍋で代用可。鍋底に小皿を置き、その上に丸網をのせる。

蓋から水滴が落ちるようなら、蓋全体をふきんで包むと防げる。

| すり鉢 |

Caesar salad à la japonaise →P.55

和シーザーサラダ

しょうがとパン粉の香りで、
いつもの葉物サラダが華やかに。

◎**材料(4人分)**

サニーレタス、レタス、サラダ菜、水菜、
ラディッシュなどのサラダ用野菜 … 適量
海苔 … 4切2〜3枚
パン粉のパルメザン(作り方は下記) … 大さじ2

◆**ドレッシング**

しょうが … ひとかけ
酢 … 大さじ1
薄口しょうゆ … 大さじ½
メープルシロップ(またはほかの甘味料) … 小さじ½
塩 … 小さじ¼
こしょう … 少々
オリーブオイル … 大さじ2

◎**作り方**

1 野菜はそれぞれ手でちぎっておく。
2 すり鉢でしょうがをつぶしてする。
3 オリーブオイル以外のドレッシングの材料をすり鉢に入れ、すりこぎを回しながら混ぜる。
4 オリーブオイルを少しずつ入れながらすりこぎを回して混ぜる。
5 すり鉢に1と海苔をちぎって入れ、手でやさしく和える。パン粉のパルメザンを加え、さっと和える。

パン粉のパルメザンの作り方(約⅔カップ分)

フライパンに、オリーブオイル大さじ1とにんにく½かけをみじん切りにして入れ、弱めの中火にかける。にんにくが薄茶色に色づいたらパン粉½カップを加えて煎る。パン粉が香ばしく薄茶色になったら白ごま大さじ2を加えてさっと煎り、塩、こしょうで味を調える。
※サラダのほか、パスタやスープなどのトッピングにも。

INGREDIENTS (serves 4)

- adequate amount of salad vegetables such as red leaf lettuce, iceberg lettuce, butter lettuce, potherb mustard, radish.
- 2-3 quarter nori sheets
- 2 tbsp bread crumb Parmesan

•Dressing

a clove of ginger
1 tbsp vinegar
½ tbsp shoyu
½ tsp maple syrup
¼ tsp salt
dash of pepper
2 tbsp of olive oil

DIRECTIONS

1 Tear leafy greens by hand.
2 Mash ginger in suribachi.
3 Put dressing ingredients except olive oil into suribachi and mix by turning the wooden pestle.
4 Slowly add olive oil while continuing to turn the pestle.
5 Add ***1*** and torn nori to suribachi. Mix gently by hand. Add bread crumb Parmesan and mix again.

How to make bread crumb Parmesan (makes about 2/3 cup)

Put 1 tbsp olive oil and ½ garlic clove into frying pan and place over medium-low heat. When garlic turns lightly brown, add ½ cup of bread crumbs and stir. When bread crumbs turn lightly brown, add 2 tbsp of white sesame, parch some more and add salt and pepper to taste.

*Also good as topping for pasta and soups.

| すり鉢 |

Soy and avocado falafel →P.57

大豆とアボカドのファラフェル

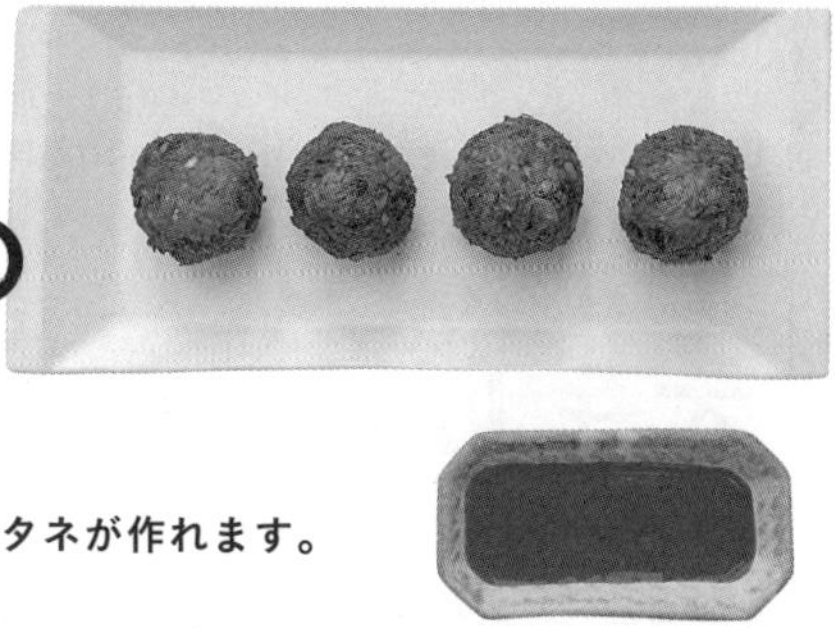

中近東の豆コロッケをアレンジ。すり鉢ひとつでタネが作れます。

◎材料（直径4cmのボール10〜12個分）

ゆで大豆 … 2カップ（200g）
アボカド … 1個
にんにく … ½かけ
玉ねぎ … ½個
クミンシード … 小さじ1
唐辛子 … ½本
塩、こしょう … 各少々
パン粉 … ½カップ
薄力粉 … 大さじ3

◆タヒニソース

練りごま … 大さじ3
しょうゆ、レモン汁（または酢）… 各大さじ2
砂糖 … 大さじ½前後
塩、こしょう … 各少々

◎作り方

1 玉ねぎはみじん切りにする。
2 クミンシードと唐辛子をすり鉢でする。にんにくを加え、すりこぎでたたいてからする。大豆を加えてつぶす（a）。アボカドを加えてつぶす。
3 玉ねぎを加え、塩、こしょうをする。パン粉と薄力粉を加えて全体を手で混ぜる。
4 直径約4cmのボール状に丸めて、180℃の油で揚げる。
5 タヒニソースの材料を混ぜ、4に添える。
※しょうゆやケチャップをつけてもおいしい。

a 大豆はすりこぎでたたきながら、粒が残るくらい粗めにつぶすと、食感が残っておいしい。

INGREDIENTS (makes 10-12 4cm falafels)

- 2 cups of boiled soy (200g)
- 1 avocado
- ½ clove of garlic
- ½ onion
- 1 tsp cumin seed
- ½ chili pepper
- dash of salt and pepper
- ½ cup bread crumbs
- 3 tbsp pastry flour

•Tahini sauce

3 tbsp of nerigoma (sesame paste)
2 tbsp each of shoyu and lemon juice (or vinegar)
½ tbsp sugar
dash of salt and pepper

DIRECTIONS

1 Mince onion.
2 Grind cumin seed and chili pepper in suribachi. Add garlic. Beat and grind with a wooden pestle. Add soy and beat again to make a coarse mash (a). Add avocado and beat in the same manner.
3 Add onion and salt/pepper to taste. Add bread crumbs and pastry flour. Mix the entire batch.
4 Make 4cm balls and deep fry in 180°C (360°F) oil.
5 Mix the tahini sauce ingredients and add to ***4***.
*Can be substituted by shoyu and ketchup.

| 土瓶 |

Sumashi-jiru (clear soup) of dobin dashi ⇒P.69

土瓶だしのすまし汁

土瓶でおいしいだし汁を作り、
すまし汁にして食卓へ。

◎材料(4人分/800mℓ)

A
- 昆布 … 5cm²5枚
- 干ししいたけ … ¼個
- 鰹節 … 5〜10g
- 水 … 900mℓ
- 塩 … ひとつまみ

薄口しょうゆ、日本酒 … 各大さじ1
みりん … 大さじ½
塩 … 適量
白玉団子(作り方は下記) … 8個
三つ葉、あおさ海苔 … 各適量

◎作り方

1 土瓶にAを入れ(鰹節はお茶パックに入れる)、30分ほどおく。
2 土瓶を弱火にかける。湯気が上がってお湯がふつふつとし始めたら火を止め、昆布をとり出す(沸騰前の80℃ぐらいでとり出すと、昆布の臭みが出にくい)。
3 さらに15分おき、鰹節をとり出す。
4 しょうゆ、みりん、日本酒を加え、塩で味を調える。
5 椀に白玉団子、三つ葉、あおさ海苔を入れ、そこに4を注ぐ。

※すまし汁の椀にはお好みの食材を。調理済みの季節の食材を入れるとよい。
※きのこを入れる場合は、きのこからおいしいだしが出るので、3のだし汁にきのこを加え、数分煮てから4へ。

白玉団子の作り方(直径2.5cmの白玉8個分)

白玉粉40gと水30mℓ をボウルに入れ、指先で粉をつぶしながら混ぜ合わせる。さらに水10mℓ前後を少しずつたしながらこねる。生地が粘土のようにひとかたまりになったら8等分して丸める。沸騰した湯に白玉を入れ、浮き上がってから3分ほどゆで、冷水にとる。

INGREDIENTS (800ml, serves 4)

A
- 5 5cm kombu squares
- ¼ dried shiitake
- 5-10g katsuo-bushi (dried bonito)
- 900ml water
- pinch of salt

- 1 tbsp each of shoyu and sake
- ½ tbsp mirin
- salt as needed
- 8 shiratama balls
- mitsuba and aosa-nori as needed

DIRECTIONS

1 Put **A** in dobin (clay teapot) and keep for about 30 minutes.
2 Put dobin on low heat. When steam comes out and water starts to boil, turn off heat and take out the kombu.
3 Leave for another 15 minutes and take out katsuo-bushi.
4 Add shoyu, mirin and sake. Add salt to taste.
5 Put shiratama balls, mitsuba and aosa-nori in a bowl and pour ***4***.

* Use ingredients of your choice for sumashi-jiru. Cooked ingredients in season would be ideal.

* When using mushrooms, add them to the dashi in ***3*** and boil for several minutes to make best of the flavor before adding to ***4***.

| 焙烙 |

Shoyu-flavored soy ⇒P.73

しょうゆ大豆

焙烙で大豆を煎り、甘辛いたれにつけるだけの簡単なごはんの友。

◎材料(2〜3人分)

大豆、だし汁(または水)… 各½カップ
しょうゆ … 大さじ3
砂糖 … 大さじ1と½
唐辛子 … 1㎝

◎作り方

1 だし汁、しょうゆ、砂糖を小鍋に入れて中火にかける。沸騰してひと煮立ちしたら唐辛子を入れて火を止める。

2 焙烙を中火で2分ほど温めてから、大豆を入れる。ときどき揺すりながら15分ほど弱火で煎る。皮が破れ、大豆の香ばしい匂いがしてきたら火を止める。

3 煎った大豆を保存容器に入れ、1を注いでひと晩おく。

※冷蔵庫で1週間保存できる

大豆の皮が破れ、香りが出てくる頃に、煎る音が「コロコロ」から「カラカラ」に変わる。

INGREDIENTS (serves 2~3)

- ½ cup each of soy and dashi (or water)
- 3 tbsp of shoyu
- 1½ tbsp of sugar
- 1cm chili pepper

DIRECTIONS

1 Put dashi, shoyu and sugar in a small pot and place over medium heat. Bring to a boil. Add chili pepper and turn off heat.

2 Preheat horoku on medium heat for about 2 minutes, and then add soy. Parch on low heat for about 15 minutes, occasionally shaking the horoku. Turn off heat after soy starts to peel and its aroma starts to rise.

3 Keep the parched soy in a container, pour ***1*** and leave overnight.

*Keeps in the refrigerator for one week.

| 焙烙 |

Hoji-cha (roasted green tea) →P.77

ほうじ茶

煎り加減はお好みで。
部屋いっぱいにほうじの香りが広がります。

◎材料（1人分／150㎖）

煎茶 … 小さじ1と½
湯 … 150㎖

◎作り方

1 焙烙を2分ほど中火で温める。
2 弱火にして煎茶を入れる。
3 遠火でときどき揺すりながら煎る。煙が出てきたら1～2分煎ってから、急須に茶葉を移す。
4 沸かした湯を注ぎ、1分蒸らす。湯呑みに注ぐ。

INGREDIENTS (150ml, serves 1)

- 1½ tsp sencha (or any other green tea)
- 150ml boiling water

DIRECTIONS

1. Preheat horoku on medium heat for about 2 minutes.
2. Lower heat and add sencha.
3. Roast the tea by keeping horoku at distance from the heat, shaking occasionally. Continue to roast for 1-2 minutes after it starts to smoke, and move tea leaves to kyusu (teapot).
4. Pour boiling water and let seep for 1 minute. Pour the tea into yunomi (teacup).

Masala-seasoned vegetables ⇒P.80

野菜のマサラ和え

**焼き野菜をスパイスソースにつけ込んだ
エスニック惣菜。**

◎材料（250mlの甕／壷1個分）

ズッキーニ、なす、カリフラワー、オクラ、玉ねぎ、シシトウなどから好みで2～3種類
… 計量カップにぎゅっと詰めて1と½カップ

◆マサラソース

太白ごま油（またはサラダ油）… 大さじ2
マスタードシード、クミンシード
… 各小さじ½
唐辛子（半分に割る）… 1本
にんにく、しょうが … 各ひとかけ
コリアンダー（粉）、ターメリック（粉）、塩
… 各小さじ½
レモン汁 … 大さじ1

◎作り方

1 ズッキーニとなすは1cm幅の半月切りに、カリフラワーは小さめにほぐし、シシトウは横半分に切る。玉ねぎはくし形切りにする。にんにく、しょうがはすりおろす。

2 フライパンに薄く油（分量外）を引いて火にかける。野菜を並べ、塩（分量外）をふる。弱めの中火で蓋をして両面を焼き、ボウルに入れる。

3 マサラソースを作る。小鍋に太白ごま油とマスタードシード、クミンシード、唐辛子を入れ、弱めの中火にかける。ときどき揺すりながらスパイスを泳がせる。

4 マスタードシードがはじけ出し、クミンシードの香りが立ってきたらにんにくとしょうがを加える。さっと炒めたら火を止め、コリアンダー、ターメリック、塩、レモン汁を加えて混ぜる。

5 2のボウルに4を入れて混ぜる。冷めたら甕（壺）に入れる。

※冷蔵庫で1週間保存できる。

INGREDIENTS
(for a 250ml capacity kame/tsubo)

・2 to 3 varieties of vegetables such as zucchini, eggplant, cauliflower, okra, onion and sweet pepper (1 ½ cup squeezed into a measuring cup)

•Masala sauce

2 tbsp taihaku sesame oil (or any vegetable oil)
½ tsp each of mustard seed and cumin seed
1 chili pepper (cut in half)
a clove of garlic
a piece of ginger
½ tsp each of coriander (powder)
turmeric (powder) and salt
1 tbsp lemon juice

DIRECTIONS

1 Cut zucchini and eggplant into 1cm-thick semicircular slices. Break cauliflower into small florets. Slice sweet pepper horizontally in half. Cut onion into wedges. Grate garlic and ginger.

2 Lightly grease frying pan and place over heat. Lay vegetables and sprinkle salt. Bake both sides on medium heat and put in a bowl.

3 Prepare masala sauce. Put mustard seed, cumin seed and chili pepper in a small pot with oil and place over medium-low heat. Shake the pot occasionally to let oil absorb the spices.

4 When mustard seed starts to pop and cumin seed gives out aroma, add grated garlic and ginger. Fry briefly and turn off the heat. Add coriander, turmeric salt and lemon juice. Mix.

5 Put ***4*** into the bowl in ***2*** and mix. Move to kame/tsubo after it becomes cool.

*Keeps in the refrigerator for one week.

Konnyaku and hijiki tsukudani (preserved food boiled in soy) ⇒P.83

こんにゃくとひじきの佃煮

甕（壺）に入れて冷蔵庫で保存し、食べるときは甕のまま食卓へ。

◎**材料（500mlの甕／壺1個分）**

こんにゃく … 250g
ひじき（乾燥）… 10g
しょうが … 2かけ
サラダ油 … 小さじ1と½
A［日本酒、砂糖、みりん … 各大さじ1
　しょうゆ … 大さじ3］

◎**作り方**

1 しょうがは千切りにする。こんにゃくは手で小指の先ぐらいの大きさにちぎり（a）、少量の塩（分量外）でもむ。熱湯に入れ、4〜5分煮たらザルに上げる。

2 ひじきはぬるま湯で戻し、熱湯で約1分さっと煮てザルにとり、細かく切る。

3 鍋を熱し、こんにゃくを中火で乾煎りする（b）。

4 こんにゃくの水分が飛んだら、サラダ油を加えてさっと炒め、ひじきとしょうがを加えてさらに炒める。

5 Aを加え、落としぶたをして弱火で煮る。時々蓋をとってかき混ぜ、水分が完全になくなるまで煮詰める。

INGREDIENTS (for 500ml capacity kame/tsubo)

- 250g konnyaku
- 10g dried hijiki
- 2 pieces of ginger
- 1½ tsp vegetable oil

A［1 tbsp each of sake, sugar and mirin
　3 tbsp of shoyu］

DIRECTIONS

1 Cut ginger into thin strips. Tear konnyaku into the size of pinky fingertip (a) and rub with a little salt (extra). Boil 4-5 minutes and then place on a strainer.

2 Soak hijiki in lukewarm water, put in boiling water for 1 minute, place on a strainer and chop finely.

3 Heat the pot and dry-fry konnyaku on medium heat (b).

4 When konnyaku becomes dry, add vegetable oil and fry briefly. Add hijiki and ginger, and fry some more.

5 Add **A**, place a small lid directly on food and boil on low heat. Remove the lid occasionally and mix. Boil until moisture is completely evaporated.

こんにゃくは平らに薄く2〜3等分に切ってから、手でちぎる。

油を使わずに乾煎りすると、味がしみやすくなる。

Hiyashi-oroshi soba
(cold buckwheat noodles with grated yam) →P.93

冷やしおろし蕎麦

野菜の食感を楽しむ夏の麺料理。
冷やしたつゆをたっぷりかけて。

◎材料(1人分)

蕎麦(生、または乾燥)… 1人分
大根、長芋 … 各50g
細ねぎ … 1本
揚げ玉 … 大さじ1
七味唐辛子 … 好みで適量
海苔 … 4切1枚

◆つゆ

だし汁 … 200mℓ
薄口しょうゆ … 大さじ2(好みで調節)
みりん … 大さじ1と½(好みで調節)

◎作り方

1 つゆを作る。だし汁、しょうゆ、みりんを合わせ、好みで味の濃さを調える。冷蔵庫で冷やしておく。
2 鬼おろしで大根と長芋をおろす。
3 蕎麦をゆで、ザルにとって冷水で洗う。手でぎゅっと絞って器へ入れる。
4 3に1をかけ、海苔をのせ、その上に2をのせる(a)。小口切りにした細ねぎを、揚げ玉と共にトッピングする。好みで七味唐辛子をかける。

海苔の上におろした大根と長芋をのせると、きれいに盛り付けられる。

INGREDIENTS (serves 1)

- 1 portion of soba (fresh or dried)
- 50g each of daikon and nagaimo (yam)
- 1 hosonegi
- 1 tbsp agedama
- shichimi-togarashi (chili pepper and spice mix)
- 1 quarter nori sheet

•Tsuyu (dipping sauce)

200ml dashi
2 tbsp shoyu (adjust amount to taste)
1 ½ tbsp mirin (adjust amount to taste)

DIRECTIONS

1 Prepare tsuyu. Mix dashi, shoyu and mirin, and adjust strength to taste. Cool the mixture in refrigerator.
2 Grate daikon and nagaimo with onioroshi.
3 Boil soba and rinse with cold water on a strainer. Squeeze with hand and serve on a plate.
4 Pour *1* into *3*, place nori and add *2* (a). Add finely chopped hosonegi and agedama on top. Sprinkle shichimi-togarashi to taste.

Vegetable burger ⇨P.95

野菜ハンバーグ

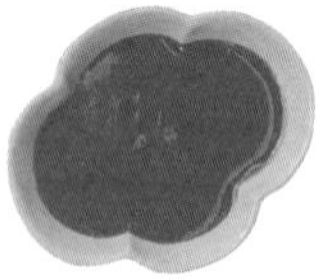

鬼おろしとボウルだけでタネを作ります。
卵の混ぜ方がポイント。

◎材料（小さめ8個分）

れんこん … 300g
にんじん … ½本
玉ねぎ … ½個
塩、こしょう、しょうゆ … 各少々
パン粉 … 大さじ3
卵 … 1個

◆ソース

濃厚ソース（または中濃ソース）、
ケチャップ … 各大さじ2
しょうゆ、マヨネーズ … 各大さじ1
マスタード … 大さじ½

◎作り方

1 ソースの材料を混ぜておく。
2 れんこん、にんじんは皮をむき、玉ねぎは皮をむいて半分に切る（ヘタを切り落とさずに残しておくとおろしやすい）。
3 2を鬼おろしでおろす。おろし切れなかった野菜はみじん切りにする。水分をしっかり絞ってボウルに入れる。
4 塩、こしょう、しょうゆをかけ、下味をつける。
5 パン粉を加えて混ぜ、卵を割り入れる。卵をスプーンでつぶしてから全体をふんわり15秒ほど混ぜる（a）。
6 8等分して、円盤形にととのえる。フライパンに多めの油（分量外）を入れ、両面こんがりと焼き上げる。食卓でソースをつけていただく。

卵は溶かずにそのまま割り入れ、かき混ぜすぎないのが仕上がりをふんわりとさせるコツ。

INGREDIENTS (makes 8 small burgers)

- 300g lotus root
- ½ carrot
- ½ onion
- dash of salt and pepper
- 3 tbsp bread crumbs
- 1 egg

•Sauce

2 tbsp each of noko sauce (or chuno sauce) and ketchup
1 tbsp each of shoyu and mayonnaise
½ tbsp mustard

DIRECTIONS

1 Mix sauce ingredients in advance.
2 Peel lotus root and carrot. Peel onion and cut in half (do not cut off the stem end for easier grating).
3 Grate *2* with oni-oroshi. Finely chop portions you cannot grate. Put in a bowl after completely squeezing water.
4 Add salt, pepper and shoyu to season.
5 Add bread crumbs and mix. Crack an egg into the bowl. Mash the egg with a spoon and gently combine the mix for 15 seconds (a).
6 Break the batch into 8 pieces and form into burgers. Pour a generous amount of oil (extra) into a frying pan and bake until golden brown on both sides. Enjoy with sauce.

| おろし皿 |

Flavor sauce ⇒P.98

香りだれ

豆腐、麺料理、手巻き寿司、揚げ物などに重宝するたれです。

◎材料（1～2人分）

しょうが … ひとかけ
にんにく … 少々
細ねぎ … 1本
塩、白ごま … 各ひとつまみ
しょうゆ … 少々
ごま油 … 小さじ2
唐辛子 … ⅓本

◎作り方

1 おろし皿でしょうがとにんにくをおろす。
2 細ねぎはみじん切りにして1に加え、塩、白ごま、しょうゆを加える。
3 ごま油と唐辛子を小鍋に入れ、弱めの中火にかける。
4 煙が出てきたら2にかける (a)。

熱したごま油をかけると、ジュッと音がして香りが広がる。

INGREDIENTS (serves 1-2)

- a piece of ginger
- a bit of garlic
- 1 hosonegi
- pinch of salt and white sesame
- dash of shoyu
- 2 tsp sesame oil
- 1/3 piece of chili pepper (cut in half)

DIRECTIONS

1 Grate ginger and garlic using oroshizara (grating plate).
2 Finely chop hosonegi and add to *1* with salt, white sesame and shoyu.
3 Put sesame oil and chili pepper in a small pot and cook on medium-low heat.
4 Pour into *2* after oil starts to smoke (a).

| まな板 | 丸網 |

Eggplant dip open sandwich →P.105

なすのたたきディップのオープンサンド

焼きなすをまな板でたたいて作るディップ。クラッカーやパンにつけても。

◎材料(2人分)

なす … 2本
にんにく(皮つき) … 1個
レモン汁 … 大さじ1
細ねぎ … 1本
白ごま、オリーブオイル … 各大さじ1
塩、こしょう … 各適量
小さめの角型食パン … 2枚
ミニトマト … 4個
卵 … 2個
クレソン … 適量
マヨネーズ、マスタード … 好みで各適量

◎作り方

1 丸網(なければグリル、または焼き網)で、なすとにんにくを焼く。なすはつまようじで皮に穴をあけて中火で、にんにくは弱火〜弱めの中火で焼く。なすの皮が真っ黒になったらへたをとって皮をむく。にんにくも焼けたら皮をむく。

2 なす、にんにく、細ねぎをざく切りにしてまな板の中央へ。白ごま、塩、こしょう、オリーブオイル、レモン汁をかける。

3 なすがピューレ状になるまで包丁でたたく。

4 目玉焼きを作る。フライパンに油(分量外)を引いて熱し、卵を割り入れる。弱火で6〜7分、蓋をせずに焼く。塩、こしょうし、皿にとっておく。

5 食パンを焼き網(またはオーブントースター)で両面焼く。

6 焼いたパンに3と縦半分に切ったミニトマト、クレソン、目玉焼きをのせる。お好みでマヨネーズやマスタードをかける。

INGREDIENTS (serves 2)

- 2 eggplants
- clove of garlic (unpeeled)
- ½ tbsp of lemon juice
- 1 hosonegi
- 1 tbsp each of white sesame and olive oil
- salt and pepper to taste
- 2 slices of bread
- 4 cherry tomatoes
- 2 eggs
- watercress to taste
- mayonnaise and mustard to taste

DIRECTIONS

1 Grill eggplant and garlic on maru-ami. Put eggplant on medium heat after making holes on the skin with a toothpick. Grill garlic on low to medium-low heat. When eggplant skin is charred, remove the tip and peel the skin. Also peel garlic after grilling.

2 Cut eggplant, garlic and hosonegi into chunks and place in the center of the cutting board. Add white sesame, salt, pepper, olive oil and lemon juice.

3 Mash the mixture by patting with the flat side of the kitchen knife until it turns into a puree.

4 Prepare fried egg. Oil the pan (extra), heat the pan and crack in an egg. Put on low heat for 6-7 minutes without cover. Add salt and pepper, and set aside on a plate.

5 Toast both sides of the bread on maru-ami (or toaster).

6 Place ***3*** as well as cherry tomatoes sliced in half lengthwise, watercress and fried egg on the toast. Add mayonnaise and mustard to taste.

Epilogue

おわりに

昔、母が使っていた台所道具は数えるほどでした。鍋ひとつ、フライパンひとつで、家族みんなが喜ぶ料理を作っていました。洒落た料理などはなく、平凡でありきたりな料理です。ごはんと味噌汁、あとはその日にある食材でちゃちゃっと作ったおかずが一、二品。でも、母の「ごはんですよ！」という声で食卓に座るのが、何よりの楽しみでした。

多種多様な道具がなかった時代は、利便性よりも頑丈で長く使えるものが多かったように思います。フライパンは鉄。ごはんは釜と火で炊き、鍋ひとつで煮炊きする。道具は台所の「縁の下の力持ち」として、人と一緒に働いてきました。廃れることなく、あり続いてほしい日本の食文化だと思います。

公私共に、長年にわたって料理を作り続けてきましたが、台所の中心に道具を置くようになり、レシピありきから、道具ありきの料理へと変わりました。自分らしい料理の在り方をやっと見出すことができ、モヤモヤしていた霧がすっきりと晴れたようになりました。

どんな料理を作るかは、まず道具を眺めるところから始まります。食材と道具をどうマッチングさせるかを決めていくのです。

例えばじゃがいもがあるとします。鉄フライパンでグリル焼きにしようか。それとも土鍋で煮物にしようか。すり鉢でポテトサラダを作ろうか、という具合です。レシピの材料としてじゃがいもがあるのではなく、ただ目の前にじゃがいもがある。それをどんな道具と合わせ、どんな味にするのかを考えるわけです。レシピという制約から離れると、発想が自由になり、料理はシンプルなものになっていきます。たくさんの色を塗るのではなく、「素描」のような料理。それが私の心地よい料理の在り方です。

「残心」という言葉をご存じでしょうか。武道や茶道で用いられる言葉で、心途切れず、気を抜かず、相手に礼を尽くす心構えのこと

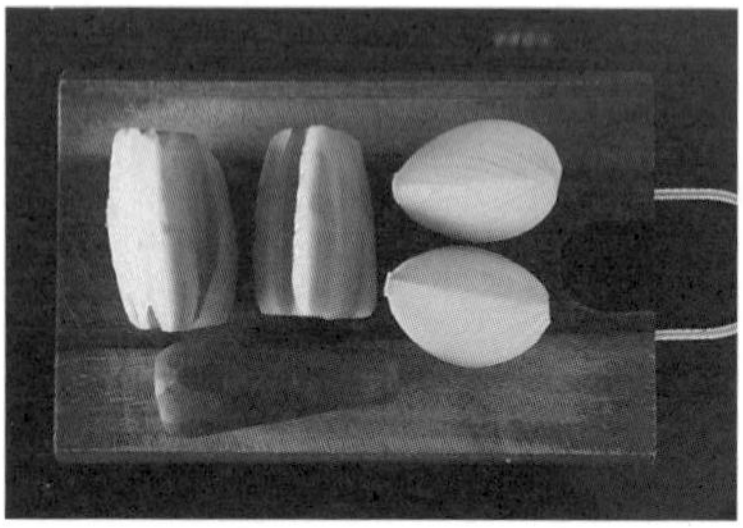
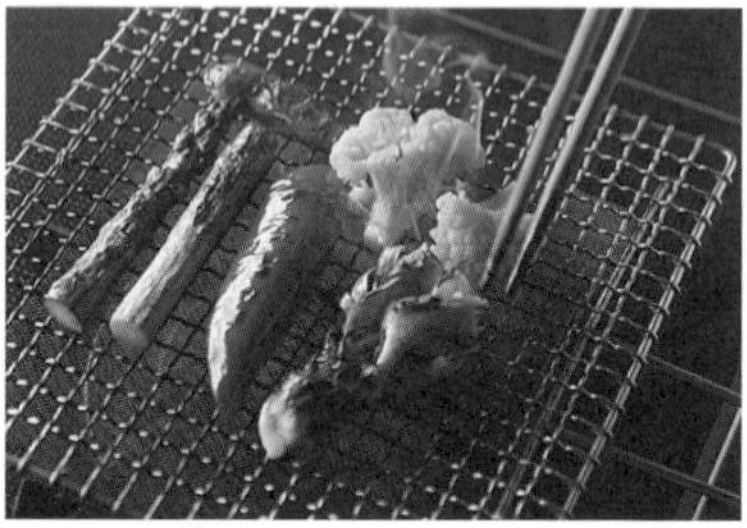

を言います。台所仕事はこの「残心」を要する仕事。「台所道」と言っても過言ではないと思います。

料理というのは小さな行いの積み重ねです。その時の自分がすべて「ひと皿」に盛られます。そのごまかしの効かない「ひと皿」のために、残心を持って台所に立ち、道具という知恵を使って料理することによって、その日の自分らしいひと皿になるのではないでしょうか。

人それぞれに、求める道具は違います。これだ！という道具に出会ったら、とにかく離さず、使い尽くすこと。道具と両想いになることです。

料理は手仕事。

道具、食材、そして手を使い、今日の自分を表現していく素晴らしい仕事です。そこに従事することは、私の誇りです。

宮本しばに

Shivanii Miyamoto

創作野菜料理家。20代前半にヨガを習い始めたのがきっかけでベジタリアンになる。結婚後、東京で児童英語教室「めだかの学校」を主宰。その後、長野県に移り住む。世界の国々を旅行しながら野菜料理を研究。1999年から各地で「ワールドベジタリアン料理教室」を開催。2014年に「studio482+」を立ち上げ、料理家の視点でセレクトした手仕事のキッチン道具を販売するオンラインショップをスタートさせる。販売、執筆、ワークショップ開催を通し、日本の伝統的な調理道具と料理のコラボをテーマに活動している。著書に『焼き菓子レシピノート』『野菜料理の365日』『野菜のごちそう』（以上、すべて旭屋出版）、『野菜たっぷり すり鉢料理』（アノニマ・スタジオ）、『おむすびのにぎりかた』（ミシマ社）ほか。

studio482+ https://studio482.theshop.jp

Staff

デザイン――いわながさとこ

写真――野口さとこ

装画・挿絵――ダイモンナオ

英文翻訳――宮本貞雄

企画・編集――友成響子（毬藻舎）

編集担当――浅井文子（アノニマ・スタジオ）

　　　　村上妃佐子（アノニマ・スタジオ）

Special Thanks to...

池上幸恵

台所にこの道具

2018年11月8日　初版第1刷　発行

著　者　宮本しばに

発行人　前田哲次

編集人　谷口博文

アノニマ・スタジオ

〒111-0051

東京都台東区蔵前2-14-14 2F

TEL. 03-6699-1064

FAX 03-6699-1070

発　行　KTC中央出版

〒111-0051

東京都台東区蔵前2-14-14 2F

印刷・製本　文化カラー印刷株式会社

ISBN 978-4-87758-787-1 C2077

アノニマ・スタジオは、
風や光のささやきに耳をすまし、
暮らしの中の小さな発見を大切にひろい集め、
日々ささやかなよろこびを見つける人と一緒に
本を作ってゆくスタジオです。
遠くに住む友人から届いた手紙のように、
何度も手にとって読みかえしたくなる本、
その本があるだけで、
自分の部屋があたたかく輝いて思えるような本を。